Le Livre de Poche Jeunesse

CLÉOPÂTRE
REINE D'ÉGYPTE

Viviane Koenig

Cléopâtre reine d'Égypte

Introduction

La vie de Cléopâtre est mêlée de tant de mystères, de légendes, de calomnies, d'amour et de haine qu'il est difficile, voire impossible, de démêler le vrai du faux. Les documents historiques fiables manquent parfois pour nous faire mieux connaître cette reine d'Égypte. Cependant, nous tenterons de nous approcher le plus possible de la vérité, tout en gardant certains récits légendaires. Tous les personnages de ce roman ont réellement existé.

Nous ne résisterons pas au plaisir de donner une place à quelques-unes de ces belles légendes. Plutarque[1], écrivain grec vivant à l'époque de l'Empire romain, nous les a transmises dans son ouvrage les *Vies parallèles*.

1. Il vécut de l'an 50 à 125 environ.

Née un jour d'hiver au palais royal d'Alexandrie, il y a plus de 2 000 ans[1], Cléopâtre, reine d'Égypte, eut une vie brève, mouvementée, étonnante. Sur sa route, elle rencontra trois Romains illustres : Jules César, Marc Antoine et Octave Auguste. Les deux premiers l'aimèrent, le troisième la détesta, mais tous reconnurent sa beauté, son intelligence, son courage, son sens politique et son amour pour son royaume. Aimée ou haïe, Cléopâtre fut une grande souveraine, une femme exceptionnelle.

1. En 69 av. J.-C.

1

Au palais d'Alexandrie

Il fait bien froid ce matin-là et Cléopâtre[1] déteste l'hiver. Elle remonte son épaisse couverture jusqu'au menton, bien décidée à ne pas se lever. D'ailleurs pourquoi se lèverait-elle ? Quelle triste vie que la sienne ! Pourtant, elle a tout pour être heureuse : la beauté, l'intelligence, la richesse, le pouvoir… Elle est reine d'Égypte et mère de Césarion, un jeune prince adorable… Alors ? Alors il lui manque l'essentiel : l'amour de Jules César, le père de son fils, assassiné il y a plus de deux ans[2].

---

1. Cléopâtre VII Philipator.
2. Le 15 mars 44 av. J.-C. à Rome.

Cléopâtre frissonne en songeant à ce jour maudit et tente de refouler ses larmes.

— Majesté, Majesté, murmure sa servante. Le soleil est levé depuis longtemps déjà, vous devriez vous réveiller aussi.

— Je sais, Charmion, répond la reine mollement. Mais laisse-moi tranquille quelques instants encore, juste un peu. Sois gentille car, vois-tu, tu me sors d'une nuit de cauchemars pleins de sang, de poignards et de cris... Je ne peux pas cacher si vite ma fatigue, mes peurs et mon chagrin... N'ajoute rien, Charmion. Tu vas me répéter ce que je dis souvent... et tu as raison : une reine doit sourire, rassurer, décider tout le jour... Mais, ce matin, je n'en ai plus la force !

— Majesté, levez-vous, s'entête la servante.

— Chut, je n'en peux plus.

Cléopâtre s'agite, s'enfouit à nouveau sous sa couverture et lui tourne résolument le dos.

— Ma reine, insiste encore Charmion, un messager romain vous attend dans la Salle des Audiences depuis l'aube.

— Je l'ai vu, ajoute Iras la seconde servante royale en rougissant, il est très beau, très grand.

— Je le trouve plutôt petit, rectifie Charmion.

— Pas du tout, tu as mal vu, ce Romain est très grand, répète Iras, avec des yeux sombres d'une douceur incroyable.

D'un geste, Cléopâtre rejette à ses pieds sa couverture et s'assied sur son lit.

— Silence, ordonne-t-elle, vous allez me donner mal à la tête avec vos discussions stupides. Un messager romain, dites-vous ? Quel est son nom ? Qui l'envoie ?

— Je l'ignore, Majesté.

Charmion et Iras échangent un regard complice. Elles savent ce qui les attend : elles vont se faire réprimander sans raison.

— Pourquoi ne pas m'avoir prévenue plus tôt, petites sottes ! Que faites-vous là, bras ballants ? leur reproche Cléopâtre. Vite, à ma toilette !

Dans un tourbillon d'ordres et de contre-ordres, quelques minutes suffiront-elles à la reine pour apparaître dans toute sa beauté ? Une crème parfumée pour adoucir sa peau. Un trait de galène noire pour souligner ses yeux sombres. Un fin diadème d'or pour rehausser l'élégance de son chignon. Des fibules[1] ciselées pour maintenir son chiton[2] aux épaules et une ceinture prestement nouée à la taille pour le faire blouser. Quelques bracelets, un collier.

Cléopâtre lance un dernier coup d'œil à son miroir de bronze poli et s'examine sans complaisance. Elle sourit à l'ovale parfait de son visage, à son front haut, à ses oreilles joliment ourlées, à son nez droit. Elle est

---

1. Sortes de broches en métal précieux.
2. Longue tunique faite d'une seule pièce de tissu.

satisfaite. Pourtant, malgré toute l'habileté de Charmion et d'Iras, la tristesse de son sourire demeure.

— Vous avez fait des merveilles et même réussi à cacher mes paupières bouffies, reconnaît la reine. Allons voir ce Romain que tu m'annonces si beau, Iras. Je vous dirai si je le trouve grand.

Une dernière touche de parfum, un himation[1] de soie brodé d'or jeté sur ses épaules, pour se protéger du froid, et la reine quitte sa chambre. Sans trop savoir pourquoi, elle sent que ce jour marquera un tournant dans sa vie.

Cléopâtre connaît parfaitement le palais d'Alexandrie où elle a grandi. Elle marche rapidement à travers les longs couloirs et les escaliers de marbre. Elle se dirige vers la Salle des Audiences où l'attendent comme chaque jour ministres, conseillers, scribes et messagers. Sur son passage, les gardes et les serviteurs s'inclinent respectueusement. Un geste lui suffit pour ordonner l'ouverture des portes de la salle. Elle ralentit, marche à pas lents et, majestueuse, gagne son trône d'or. Dans un silence impressionnant troublé par le tintement léger de ses boucles d'oreilles, les hommes qui l'attendent la saluent avec respect. Les portes se referment derrière elle en un claquement sec.

À peine installée, Cléopâtre observe le Romain. Iras

1. Grand tissu rectangulaire dont on s'enveloppe de la tête aux pieds en le drapant avec élégance.

n'a pas menti. C'est un bel homme, un officier de haut rang. Elle s'étonne de ne pas avoir été prévenue de son arrivée par les messagers à son service : elle exigera d'eux des explications dès aujourd'hui ! Elle leur rappellera si nécessaire qu'elle veut être tenue au courant de tout ce qui se passe en son royaume d'Égypte, comme dans les pays voisins.

— Ainsi, tu veux me voir, dit-elle à l'étranger. Parle, je t'écoute.

— Ô noble Cléopâtre, je suis Dellius, envoyé du consul Antoine[1].

Le messager rejette sur son épaule gauche un pan de sa cape d'un geste rapide et se tait un instant. Sa mission est délicate. Il ne peut absolument pas répéter à la reine ce qu'Antoine lui a dit : « Pars pour Alexandrie et ordonne à Cléopâtre de venir s'expliquer sur sa façon d'agir depuis la mort de César ! Je jugerai de sa fidélité à Rome sur ses actes, briserai sa fierté et lui ferai savoir qui est le maître. Choisis les mots qui te conviennent, mais j'exige qu'elle vienne, et rapidement. »

— L'éclat des victoires d'Antoine sur les terres d'Asie[2] est venu jusqu'à moi, Dellius, reprend Cléopâtre surprise par son embarras. Les succès du consul, fidèle compagnon de César, me réjouissent. Mais je

1. De son vrai nom Marc Antoine, en latin *Marcus Antonius*.
2. Au début de l'an 41 av. J.-C.

suppose que tu n'es pas venu ici chercher des compliments.

— Certes non, je suis porteur d'un message d'Antoine à la reine d'Égypte.

— Alors je t'écoute, insiste Cléopâtre. Parle sans crainte.

Dellius hésite. Il se racle la gorge, avance d'un pas vers le trône et déclare.

— Installé avec son armée à Tarse[1], le consul désire s'entretenir avec tous les souverains d'Asie placés sous la tutelle de Rome et… avec vous, noble reine d'Égypte. Il vous assure que vous serez traitée comme il convient.

Son diadème d'or étincelant sur ses cheveux noirs, Cléopâtre écoute l'habile messager. Elle sourit en l'entendant parler de la générosité d'Antoine et de ses regrets de ne pouvoir venir lui-même à Alexandrie. Mais elle sent monter en elle une impatience qui se transforme vite en fureur. Une bouffée de chaleur colore maintenant ses joues. La reine a si chaud dans cette salle glacée qu'elle laisse glisser de ses épaules son himation de soie.

« Il me prend vraiment pour la dernière des imbéciles », pense-t-elle tout en continuant à sourire au Romain.

---

1. Situé à l'embouchure de la rivière Tarsus, ce port du sud de l'Asie Mineure est dans l'Antiquité une cité prospère, un port important au bord de la mer Méditerranée.

Cléopâtre a compris : même si Dellius n'emploie pas ce mot, il s'agit bien d'un ordre, d'une convocation à Tarse. Le consul Antoine a-t-il oublié qu'elle est reine et n'a donc d'ordre à recevoir ni de lui ni de personne et certainement pas des Romains ? Humiliée, les mains crispées sur les accoudoirs de son trône, elle jette un coup d'œil sur ses conseillers aux regards inquiets. Ils sont donc aussi furieux qu'elle de voir comment Antoine ose traiter la pharaonne d'Égypte ! Réfléchir, réfléchir vite et bien. Ne pas commettre d'erreur face à l'envoyé de la puissante Rome. Se montrer habile et rusée.

— Voilà, ô noble Cléopâtre, la raison de ma venue à Alexandrie, conclut Dellius de sa voix grave.

Il incline la tête et attend.

Pour avoir le temps de réfléchir et ne pas se laisser aller à une colère déraisonnable, la reine réclame un peu d'eau fraîche qu'elle boit à petites gorgées. Elle admire un instant l'or finement ciselé de sa coupe.

— J'accepte avec plaisir l'invitation du consul Antoine, dit-elle enfin en un sourire charmant. Rien ne saurait me faire plus plaisir que de le rencontrer ainsi que tous les souverains d'Asie. Cependant, Dellius, préviens Antoine qu'il me faudra quelques jours pour me préparer à ce voyage.

Tandis que le Romain la salue et quitte la Salle des Audiences à grands pas, soulagé d'avoir si facilement rempli sa mission, assise sur son trône magnifique, Cléopâtre reste un long moment pensive.

— Nous devons préparer cette entrevue avec soin, lance-t-elle à ses conseillers.

Un silence pesant règne dans la salle.

— Ne craignez rien, poursuit-elle. Antoine veut voir la reine d'Égypte. Il la verra et, croyez-moi, il n'oubliera jamais ce jour !

2

La tempête

Quelques jours plus tard, en l'an 10 de son règne[1], Cléopâtre vogue vers le nord à la tête de nombreux navires. Elle a vingt-huit ans, une beauté éclatante, un esprit vif et un plan qu'elle espère infaillible pour faire du Romain Antoine son allié. De lui dépend l'avenir de son royaume d'Égypte, sa vie et celle du prince Césarion.

Seule sur le pont avant, elle contemple la mer grise de l'hiver, houleuse et mauvaise, les vagues qui se creusent avant de disparaître sous la coque de bois sombre de son navire. Silencieuse sur ses pieds nus, Iras, sa servante, la rejoint.

---

1. Janvier-février 41 av. J.-C.

— Majesté, lui dit-elle, vous ne devriez pas rester dehors par ce froid.

Cléopâtre sursaute.

— Peu m'importe, répond-elle. Je suis si bien ici pour réfléchir.

Elle resserre autour d'elle son himation. Elle est glacée.

— Depuis l'assassinat de César, murmure la reine, j'ai refusé de prendre parti dans le conflit opposant à Rome les « républicains » et les « césariens », même si mon cœur me poussait vers les fidèles de César.

Ses yeux s'emplissent de larmes au souvenir de son amour perdu.

Iras, qui ne connaît rien à cette guerre civile opposant des Romains à d'autres Romains, écoute patiemment sa maîtresse tout en se plaçant dos au vent afin de la protéger. Une protection bien inutile car de violentes rafales soulèvent les vêtements des deux femmes, ébouriffent leurs cheveux.

— Pourtant, reprend Cléopâtre en suivant des yeux une mouette solitaire, je me suis interdit de choisir l'un des deux camps tant que l'issue de leur combat demeurait incertaine.

— Vous avez raison, l'approuve sa servante aux lèvres violacées de froid. Venez vous abriter, Majesté ! Je vous en supplie.

La reine ne semble pas l'entendre.

— Si par malheur, j'avais fait un mauvais choix, continue-t-elle, les armées romaines auraient aussitôt envahi mon royaume. Voilà pourquoi je n'ai rien fait, rien dit pendant des mois... Et maintenant, les « césariens » vainqueurs veulent que je m'explique sur ma conduite, que je m'excuse peut-être ? Jamais. Tu m'entends, Iras, jamais. D'ailleurs, je sais parfaitement que l'Égypte et Rome ont besoin l'une de l'autre : mes trésors et mon blé contre sa protection.

Une bourrasque de vent lui répond en un hurlement sinistre. De lourds nuages noirs se bousculent dans le ciel.

— Il va pleuvoir, venez Majesté, supplie la servante.

Cléopâtre s'approche de l'avant du navire et regarde la mouette qui s'éloigne.

— Sais-tu, Iras, que je connais déjà Antoine, le fidèle ami de César ? ajoute-t-elle. Te souviens-tu de ce général courageux rêvant de gloire, un peu brutal, mais généreux et... un brin vaniteux.

Une pluie glacée se met à tomber. Cléopâtre resserre sur elle les plis lourds de son himation et s'en couvre la tête. Puis, en riant, elle court se mettre à l'abri suivie d'Iras.

Malgré la tempête, les navires royaux parviennent rapidement à Tarse encore luisante de pluie sous le soleil retrouvé. La nouvelle de leur arrivée se répand dans la cité à la vitesse de l'éclair. On ne parle que de l'importance de la flotte, de la beauté des bateaux, d'or, d'argent, de pourpre et de parfums exquis qui se répandent sur les quais. Alors, comme personne ne peut contenir sa curiosité, on se précipite vers le port.

Confortablement installée sur le pont du plus beau de ses navires, protégée des regards de la foule par un abri d'étoffes brodées d'or, Cléopâtre rêvasse. Elle sait qu'il est inutile d'envoyer un messager prévenir Antoine de son arrivée, les sentinelles romaines l'ont fait dès qu'elles ont aperçu sa flotte approcher du port. Elle l'attend.

Sitôt averti, le consul quitte son quartier général au palais de Tarse et gagne rapidement la grand-place de la ville. C'est là qu'il veut interroger la reine, en public, sur l'estrade qu'il a fait dresser à cet effet. Ravi de l'obéissance de Cléopâtre, l'illustre général romain, marche à grands pas. Grand et musclé, il a jeté sur ses épaules la cape écarlate, insigne du commandement.

— Tu vois, dit-il à Dellius d'une voix satisfaite, j'avais raison. J'ordonne, elle obéit. Tu te compliques toujours la vie avec tes hésitations ridicules.

— Effectivement, reconnaît son fidèle officier, mais je lui ai transmis ton message avec ménagement.

— Très bien mon ami, ménage qui tu veux, quand tu veux, mais sois efficace. Moi, je vais l'interroger à l'instant et lui rappeler comment doivent agir les souverains placés sous la tutelle de Rome. Car Cléopâtre n'est reine que parce que nous le voulons bien... Regarde Dellius ! Que se passe-t-il ?

— La place est vide.

— Je le vois aussi bien que toi, s'énerve Antoine. Où sont mes officiers et les dignitaires locaux qui devaient me rejoindre sur l'estrade pour assister à mon entretien avec la reine ?

— Ils vont arriver, le rassure Dellius sans conviction.

Les deux hommes s'assoient sur un banc de pierre et attendent leur venue en bavardant. Après l'étonnement, l'inquiétude se lit maintenant sur leurs visages. Nerveux, Antoine pousse quelques cailloux du bout de sa sandale. Il s'impatiente, fait les cent pas, se rassied. Dellius tente en vain de le calmer. Un chien errant passe près d'eux et s'éloigne en agitant la queue. La grand-place d'habitude grouillante d'une population bavarde et affairée demeure désespérément vide.

— Enfin, voilà quelqu'un. Centurion[1] ! appelle Antoine exaspéré. Où cours-tu ?

— Général, je vais au port voir la flotte égyptienne. Il paraît qu'on n'a jamais rien vu de si beau.

— Approche, centurion, commande Antoine en se levant.

Sa voix tremble sous l'effet de la fureur, ses poings se serrent. Il a soudain pâli. Il réfléchit un bref instant et ordonne :

---

1. Officier romain commandant une centurie, unité formée à l'origine de cent citoyens.

— Va et porte ce message à la reine Cléopâtre. Voyons… Quelques mots simplement. Dis-lui : « Le consul désire vous voir immédiatement sur la grand-place. »

— Antoine, non ! s'exclame Dellius.

— Tes scrupules me fatiguent, mon ami.

— Les vrais amis ne cachent jamais la vérité.

Antoine hoche la tête et remercie Dellius de son conseil par une grande claque dans le dos.

— Bien, admet-il. Alors, centurion, dis simplement à la reine que… que le consul l'invite à dîner ce soir en son palais. Es-tu satisfait Dellius ?

— Voilà qui est mieux.

— Va, centurion. Je n'attends pas de réponse car elle n'a pas le choix, conclut-il en un éclat de rire sonore.

Le jeune soldat s'éloigne aussitôt et disparaît dans la ruelle qui conduit au port.

Quelques minutes plus tard, le centurion est déjà de retour sur la grand-place.

— Général, dit-il en reprenant son souffle, la reine t'invite à souper ce soir même sur son navire avec, bien entendu, tes officiers et tous tes amis.

— Comment ! hurle Antoine, non seulement elle n'obéit pas à mes ordres, ne vient pas là où je l'attends, mais en plus elle refuse mon invitation et m'invite à son tour ! C'est le comble.

— Oublie ta colère, lui conseille Dellius. Tu l'interrogeras demain ou après-demain car, d'après ce que l'on raconte, ce sera un réel plaisir que de souper sur son navire.

— Vraiment ?

— J'en suis certain, Cléopâtre a le sens de la fête et aime les bonnes choses.

Antoine hésite. Mais pourquoi pas ? Il aime lui aussi les festins et il ne craint rien car il saura résister aux charmes de l'ensorceleuse.

— C'est entendu, décide-t-il. Centurion, cours dire à la reine que j'accepte son invitation.

3

La reine et son juge

La nuit est tombée quand, précédé de ses légionnaires qui fendent la foule devant lui et le protègent, Antoine arrive au port avec son ami Dellius. Il marche vite et, soudain, s'immobilise en apercevant les navires égyptiens. Magnifique sous la pâle clarté de la lune et des étoiles, le plus somptueux d'entre eux a une proue d'or, des voiles pourpres et des rames d'argent. Poussé par la curiosité, il reprend sa marche, plus lente cependant. Seul, il franchit la passerelle du vaisseau et découvre, étendue sous un abri de tentures brodées d'or, la reine Cléopâtre vêtue comme une déesse.

— Ô dieux, qu'elle est belle ! murmure le consul.

Près de leur souveraine, des esclaves s'affairent,

jeunes filles ressemblant aux nymphes[1] ou jeunes garçons au dieu de l'Amour. Certains s'occupent du gouvernail et des cordages. D'autres de brûle-parfums d'où s'échappent des senteurs exquises qui se répandent dans l'air du soir. D'autres encore jouent de la flûte, de la harpe ou de la cithare, inventant une musique délicieuse. Des braseros réchauffent l'atmosphère. Des lampes et des torches illuminent le navire, multitude de lumières suspendues, formant des carrés ou des cercles lumineux.

Émerveillé, Antoine approche de la reine, à petits pas, comme intimidé par tant de splendeur. Le vent du large soulève sa cape d'*Imperator* et joue dans ses cheveux bruns et bouclés.

— Eh bien, Antoine, tu désirais ma présence, me voici ! dit Cléopâtre de sa voix à l'aimable douceur.

Ravie de la gêne du puissant Romain, elle le dévisage tout en s'amusant avec le bracelet en forme de serpent enroulé à son bras.

— Je suis heureuse de t'accueillir sur mon modeste navire, ajoute la reine en souriant.

D'un geste, elle l'invite à s'asseoir près d'elle. Sûre de son charme, elle arrange un à un les plis de son chiton de soie brodée. Elle ne quitte pas des yeux ce bel homme d'une quarantaine d'années au visage carré et agréable, au menton volontaire, au regard énergique.

---

1. Déesses de la Nature chez les Grecs.

Elle l'imaginait moins grand, avec le regard brutal des militaires endurcis par les combats.

Avec sa brusquerie habituelle, Antoine s'installe sur le lit de repos proche de celui de la reine. Des esclaves lui offrent du vin doux dans une coupe d'or ciselé. Une houle légère berce le navire. Il est heureux.

— Quelles nouvelles d'Égypte ? demande-t-il enfin caressant de la main les soieries qui recouvrent le lit.

— Excellentes, consul, l'épidémie de peste qui fit tant de morts en mon royaume ne sera bientôt plus qu'un triste souvenir et la prochaine récolte s'annonce bonne. Rome ne manquera pas de blé égyptien, promet la reine en riant.

— Bien, avez-vous fait bon voyage malgré la tempête ?

Antoine est furieux de poser des questions aussi sottes.

Il admire les coussins de soie, les tapis d'Orient qui recouvrent le pont, les broderies fines des tentures, les parfums, la musique et cette femme si incroyablement belle… Il oublie les reproches qu'il voulait lui faire, les questions qu'il souhaitait lui poser. Il se moque de savoir si Cléopâtre est fidèle à Rome et s'il peut compter sur son appui militaire et financier. Il se demande même, un bref instant, pourquoi la reine est venue à Tarse. Sa mémoire lui joue-t-elle de mauvais tours ?

— Ta présence sur mon navire m'honore, continue

Cléopâtre. J'espère que le souper te plaira ainsi qu'à tes amis qui sont déjà installés dans la salle du banquet. Viens, il est temps de les rejoindre.

D'un sourire, elle invite Antoine à l'aider pour se lever. Sans hésiter, il obéit et lui tend la main. Il frissonne de plaisir en sentant les doigts délicats de la reine se poser, doux et légers, sur son poing solide de soldat. Comme il aime son parfum !

— Antoine, oublions ce soir que tu es consul de Rome et que je suis reine d'Égypte, chuchote Cléopâtre, et parlons en amis.

— En amis ? Évidemment, s'empresse d'accepter le consul.

Les esclaves s'inclinent sur leur passage et, dans le bruissement soyeux de son chiton, la reine l'entraîne vers un escalier de bois sombre descendant au cœur du navire. En un geste gracieux, elle glisse dans ses cheveux une fleur de lotus volée au passage dans un bouquet. Subjugué, Antoine la regarde faire avec ravissement. Il ne la quitte pas des yeux et ses pas s'attachent aux siens. Il se félicite d'avoir suivi les conseils de Dellius : la soirée s'annonce merveilleuse.

L'arrivée de Cléopâtre et d'Antoine interrompt un instant les conversations animées des convives déjà installés sur des lits de banquet couverts de matelas et de coussins de soie aux couleurs vives. Ils s'allongent sur des lits plus beaux encore, placés au centre de la salle. Devant eux, sur des tables basses, des mets délicieux patientent sur leurs plats d'or sertis de pierres précieuses.

— Que la fête commence, annonce Cléopâtre. Mangez et buvez, mes amis.

Aussitôt, dans un joyeux brouhaha, ses invités tendent la main vers ces nourritures exquises. Les plats succèdent aux plats, tous savoureux. Les meilleurs vins d'Égypte coulent dans les coupes. La musique réjouit les cœurs autant que les parfums des fleurs qui recouvrent le sol ou s'épanouissent en bouquets somptueux.

— Tout cela est tellement inattendu, je croyais que le repas serait plus simple, s'étonne Antoine.

Il s'interrompt un instant juste le temps de croquer une cuisse de canard grillée à point. Il se lèche les doigts.

— Que croyais-tu donc ? demande la reine. Rien n'est trop beau pour te recevoir. Pourtant, et je m'en excuse encore, en voyage, mon hospitalité est si modeste que je désire me faire pardonner tant de simplicité.

— Tu n'as rien à te faire pardonner, Cléopâtre, rugit le Romain. Tout est parfait !

— Permets-moi d'insister et pour obtenir ton pardon, reprend la reine, je t'offre à toi et à tes officiers, tout ce qui nous entoure : les lits de banquets, les coussins, la vaisselle, les tentures, les tapis.

Antoine reste sans voix.

— Maintenant, poursuit Cléopâtre, raconte-moi,

noble général, tes dernières victoires. Tu étais en Grèce, je crois ?

Et, tandis qu'elle savoure une belle pièce d'oie rôtie, Antoine, définitivement conquis, lui relate sa campagne militaire. Il n'oublie aucun détail, vante sa stratégie et souligne son courage au combat. Il boit, il mange, il rit, il se régale. Jamais il n'a dégusté nourriture si délicieuse, bu vin si agréable et parlé avec femme si merveilleuse. Car la reine ne se contente pas d'écouter passivement son récit. Non, elle s'intéresse à ce qu'il dit. Elle le questionne avec finesse et comprend à demi-mot, mieux que certains de ses officiers.

Cléopâtre l'écoute avec plaisir et s'étonne de tant apprécier la compagnie du consul auquel elle voulait plaire pour protéger son royaume d'une conquête militaire romaine. Elle devine son courage, apprécie son humour et sa sincérité. Elle s'amuse même et découvre au fond de son cœur un sentiment oublié depuis l'assassinat de César : la gaieté.

Le temps passe si vite que l'aube se lève lorsque les invités regagnent leur demeure. La ville s'éveille déjà. Sur la grand-place, autour de l'estrade, des paysans déballent leurs marchandises : paniers, sandales, poissons frais ou séchés, vases et coupes, ainsi que des toiles fines dont le tissage est une des spécialités de Tarse. Rien ne manque. Les acheteurs arrivent. Ils font des affaires, certes, mais ne parlent que de la flotte égyptienne amarrée au port et de la rencontre entre l'Égyptienne et le Romain.

4

Un pari étonnant

Une nuit a suffi pour que Cléopâtre oublie ses soucis de reine, son amour perdu et son chagrin. Dans la chambre royale de son navire, elle s'assied rêveuse sur un tabouret d'ébène sombre. Elle ferme les yeux et s'abandonne entre les mains de Charmion et d'Iras. Tandis que l'une de ses servantes ôte le diadème d'or de ses cheveux, l'autre fait glisser ses bracelets le long de ses bras nus. Cléopâtre chantonne, un peu étourdie par tant de vin et de bonheur.

— Quelle belle soirée, murmure-t-elle en bâillant.

Charmion dénoue son chignon. Iras ouvre les fibules qui retiennent son chiton de soie.

— Je ne veux dormir que quelques heures, les informe la pharaonne d'une voix endormie. Réveillez-moi avant le milieu du jour et prévenez Diomède[1] dès maintenant qu'il faut préparer un festin plus luxueux encore pour la nuit prochaine.

— Oui, Majesté, disent en chœur les servantes.

— Demandez-lui aussi de porter au consul et à ses amis les lits de banquets, les coussins, les coupes, les plats, les tentures et les tapis. Puis, sitôt la salle vide, que l'on installe d'autres meubles… Que Diomède n'oublie pas de surveiller également les cuisines. Il sait ce qu'il convient de faire.

Charmion démaquille la reine à l'aide d'une étoffe fine imprégnée d'une lotion parfumée dont elle a le secret. À peine Iras a-t-elle dénoué la ceinture de son chiton, que Cléopâtre, s'échappant de leurs mains, court jusqu'à son lit, se glisse sous l'épaisse couverture et s'endort aussitôt.

Une nuit sans cauchemar attend la reine d'Égypte.

Le soleil est haut dans le ciel quand Cléopâtre s'éveille de fort bonne humeur. À sa demande, ses servantes l'habillent rapidement, la coiffent, la maquillent. Leur reine est pressée. Elle veut vérifier que Diomède n'a rien oublié pour le banquet du soir. Elle a hâte de monter sur le pont pour respirer à pleins poumons l'air marin. Elle a envie de laisser le vent jouer dans ses cheveux, sur son visage, un vent joyeux porteur de temps meilleurs.

1. Le secrétaire privé de Cléopâtre.

Debout à l'avant de son navire, Cléopâtre admire le port de Tarse aux maisons de terre serrées les unes contre les autres. Elle s'amuse de la joyeuse bousculade sur les quais près des pêcheurs qui amarrent leurs barques et entassent déjà des paniers remplis de poissons frétillants. Elle suit des yeux les mouettes affamées qui tentent d'en dérober. Elle entend les cris des enfants qui chassent les oiseaux en faisant de grands gestes. Malgré tous leurs efforts, les mouettes s'éloignent et reviennent aussitôt.

Une patrouille romaine passe sur le port, la lance au poing, l'épée au côté.

Bien enveloppée dans son himation, Cléopâtre songe à Antoine. Elle n'a plus qu'une idée : le voir et le revoir, le revoir souvent. Entre eux, l'entente a été immédiate et la complicité réelle. Elle aime gouverner, lui aussi. Elle rêve de gloire, apprécie la vie et ses plaisirs, comme lui. La reine est heureuse, mais elle ignore qu'Antoine l'est aussi. Si elle le savait, son bonheur serait plus grand encore.

Sûre de son charme et de l'attrait des richesses d'Égypte sur les Romains, Cléopâtre ne pensait pas prendre tant de plaisir en discutant avec Antoine. Tout compte fait, son voyage politique est bien agréable.

À Tarse, plus personne ne parle d'interroger la reine et, sur ordre du consul, des soldats démontent l'estrade dressée sur la place de la ville.

Pendant ce temps, Antoine et ses officiers vaquent

à leurs occupations habituelles, tout en commentant la belle soirée passée sur le navire royal. Les merveilles reçues le matin même leur ont permis d'embellir leur demeure. Jamais ces militaires n'ont vécu ainsi entourés d'or et de soieries. Ils abandonnent leurs sièges de bois, de cuir et de sangles, leur vaisselle d'argile ou de bois. Ce changement n'est pas pour leur déplaire et ils se réjouissent déjà à l'idée de la prochaine fête.

À la nuit tombée, les Romains se retrouvent dans la salle du banquet du navire de Cléopâtre. Le festin se révèle plus merveilleux encore. Le lendemain et le surlendemain, la fête recommence, éblouissante.

Quatre nuits féeriques !

Pourtant ni Antoine ni Cléopâtre n'ont oublié leurs ambitions et leurs calculs politiques. L'un discute en pensant aux intérêts de Rome, l'autre à ceux de l'Égypte. Ils ne lâchent rien, se comprennent, trouvent moyen de s'entendre et, peu à peu, s'apprécient. Leur curiosité réciproque se transforme en intérêt et en respect, avant de devenir de l'amitié teintée d'amour.

Toute la ville en parle, mais Antoine et Cléopâtre ne savent pas encore qu'ils sont en train de tomber amoureux.

L'étonnante pharaonne sait toujours plaire et surprendre ses invités : nouveaux décors, nouveaux menus, nouveaux cadeaux. Ébloui, le consul n'imagine pas un instant que la riche élégance de ces soirées puisse augmenter.

— Je doute qu'il soit possible de dépenser plus en un seul banquet que ce soir, note Antoine en dégustant un vin excellent.

— Parles-tu sérieusement ? s'étonne Cléopâtre.

Antoine se redresse, un sourire provocateur aux lèvres. Il croque à belles dents une petite caille rôtie, l'un de ses mets préférés, et déclare d'un air grave :

— Je suis toujours sérieux.

— Rien de plus simple que de dépenser plus ! lance la reine. Veux-tu parier ?

— Entendu, s'amuse le consul. Que parions-nous ?

Cléopâtre murmure quelques mots à son oreille et éclate de rire, un rire aussi doux et agréable que le timbre de sa voix.

— Je suis sûr de gagner, se vante Antoine dans la salle du banquet couverte d'un tapis de pétales de roses.

Plus agréable encore que les précédents, le banquet touche à sa fin quand le consul murmure à l'oreille de la reine :

— Je crois que tu as perdu, belle Cléopâtre.

— Absolument pas. Regarde !

La reine ôte l'une de ses boucles d'oreilles d'or et de perle. Elle frappe dans ses mains pour appeler une esclave qui lui porte aussitôt une coupe remplie de vinaigre. Antoine et tous les convives l'observent en silence.

Cléopâtre jette sa boucle d'oreille dans la coupe.

Le temps semble arrêté.

Sitôt, la perle dissoute dans le vinaigre, elle porte la coupe à ses lèvres et boit le plus cher des breuvages pour le plus coûteux des festins[1].

— J'ai gagné ! dit-elle au comble du bonheur. Reconnais-le.

Beau joueur, Antoine éclate d'un rire sonore. Peu lui importe de perdre son pari, il est amoureux !

— Je dois regagner Alexandrie, murmure-t-elle en lui prenant la main. M'y rejoindras-tu ?

— Ma reine, je te suivrai, promet le consul.

---

1. Cette anecdote est racontée par Pline l'Ancien, écrivain latin qui mourut en l'an 79, soit plus d'un siècle après la mort de Cléopâtre.

5

Le prince Césarion

Quelques jours après avoir gagné son pari, Cléopâtre quitte Tarse. Il a neigé sur la ville toute la nuit. Accoutumée à la douceur du climat égyptien, la reine déteste ces flocons glacés, étranges et inquiétants, plus habituée aux tempêtes de sable qu'aux tempêtes de neige. Elle tente de rassurer ses servantes Charmion et Iras qui ont si peur qu'elles refusent de l'accompagner sur le pont du navire. Elle s'emmitoufle dans une couverture de laine et les abandonne à leurs terreurs.

Le vent du nord gonfle les voiles de la flotte royale qui file vers Alexandrie tandis que, seule à l'arrière de son bateau, Cléopâtre regarde les rivages enneigés disparaître à l'horizon. Elle regrette de partir sans Antoine, mais il a promis de la rejoindre.

Bientôt, réfugiée dans la salle du banquet déserte, la reine se réchauffe près d'un brasero. Comme elle se sent bien maintenant ! L'inquiétude qui lui serrait le cœur à son arrivée à Tarse n'est plus qu'un mauvais souvenir. Désormais, l'Égypte, sa reine et son jeune prince sont protégés par le plus puissant des Romains, Antoine, devenu en quelques jours son ami. Cléopâtre refuse encore de l'admettre mais, si elle écoutait son cœur, elle saurait qu'elle est amoureuse.

Après une semaine de traversée, la pharaonne aperçoit au crépuscule le feu qui brûle au sommet du Phare d'Alexandrie, ce feu qui guide les marins même par les nuits les plus sombres. Comme elle est fière de cette tour de marbre, une des merveilles de son temps[1] ! Fière d'Alexandrie, ville bâtie sur l'emplacement choisi par Alexandre le Grand. Fière de son royaume aux pyramides et aux temples gigantesques.

Quand Cléopâtre arrive en son palais, la nuit est tombée et le jeune prince Césarion dort déjà. Pourtant elle ne résiste pas à l'envie de le voir. Elle entre sans bruit dans sa chambre où règne un calme absolu. Elle aperçoit dans la pénombre l'adorable silhouette allongée sur un lit de bois sombre incrusté d'ivoire et d'or. Elle s'en approche. Bientôt, à genoux près de son fils,

1. Cette tour de trois étages et de 130 m de hauteur avec, au sommet, un feu éclairant la mer sur plus de 50 km est l'une des Sept Merveilles du Monde.

elle écoute sa respiration légère, régulière. Elle admire son visage, l'embrasse doucement, caresse ses cheveux.

— Comme il ressemble à César, murmure-t-elle attendrie.

Elle le quitte à regret et regagne ses appartements où Charmion et Iras l'attendent pour sa toilette du soir.

Comme toujours au palais d'Alexandrie, la journée de la reine commence dans la Salle des Audiences. De retour d'une longue absence, Cléopâtre sait que la réunion sera longue. Assise sur son trône d'or, elle retrouve avec plaisir ses ministres, ses conseillers, ses scribes et son fidèle Diomède. Elle les questionne, les écoute ainsi que les messagers venus d'Edfou, de Thèbes, de Memphis ou de Tanis[1]. Les heures passent. La reine exige une précision, donne quelques conseils, quelques ordres. Elle interroge encore. La voilà rassurée. Tous les comptes rendus concordent : plus aucun cas de peste n'est à déplorer, la promesse de bonnes récoltes de blé, d'orge et de lin, de vignes aux beaux raisins se confirme et les troupeaux sont nombreux et bien gardés.

— Les impôts seront donc importants, Majesté, conclut Diomède.

— Fort bien, se réjouit Cléopâtre. L'audience est

1. Quatre villes importantes d'Égypte.

terminée. Vous savez tous ce que vous avez à faire, alors, faites-le.

Elle se lève, sourire aux lèvres, quitte la Salle des Audiences laissant dans son sillage une odeur délicate de jasmin et disparaît, courant presque dans les couloirs du palais.

Ministres et conseillers, tous ont remarqué le bonheur qui illumine à nouveau le visage de leur reine. Ils savent déjà, car les nouvelles vont vite du port d'Alexandrie au palais, que le voyage à Tarse a été une réussite. Ils se réjouissent d'apprendre que les soldats du consul n'envahiront pas l'Égypte et pressent Diomède de questions sur l'amitié qui unit Antoine à Cléopâtre.

Dans les jardins du palais, la reine traverse à grands pas les allées ombragées, pressée de retrouver Césarion. Son himation glisse sur ses épaules. Peu lui importe, l'hiver est doux à Alexandrie et le vent froid qui souffle de la mer s'est calmé dès l'aube. Buissons de tamaris ornés de fleurs roses, sycomores aux feuilles palmées, jujubiers[1], acacias, palmier-dattier et palmier-doum, Cléopâtre connaît chaque arbre de ses jardins. Elle y jouait petite fille, aujourd'hui c'est son fils qui s'y amuse.

Enfin, elle entend son rire plus agréable pour elle que le chant des oiseaux.

---

1. Arbres épineux de haute taille.

« Césarion doit être près du bassin », se dit-elle.

Elle contourne un bosquet de figuiers et l'aperçoit aux côtés de sa nourrice, une petite femme grassouillette toujours de bonne humeur.

Accroupi au bord de l'eau près de longs papyrus aux ombelles chevelues, le jeune prince ne l'entend pas venir tant il est absorbé par son jeu. Il s'arme d'un bâton, fronce les sourcils et soulève d'un coup sec la large feuille flottante d'un lotus[1] blanc. Une grenouille bondit en un coassement mécontent, éclabousse le gêneur et se cache dans les papyrus. L'enfant se redresse, ravi.

— Césarion ! appelle Cléopâtre.

Découvrant alors sa mère, il se précipite vers elle, aussitôt rejoint par un drôle de petit singe descendu d'un palmier tout proche.

— Je savais que tu étais rentrée, lui dit-il. Je t'attendais.

Le prince aux cheveux bruns et bouclés se blottit dans ses bras. Son babouin l'imite et grimpe, vif comme l'éclair, sur le dos de la reine qui vacille sous le poids.

— Attends, j'ai un cadeau pour toi, annonce gaiement Césarion à sa mère après avoir reçu quantité de baisers et de caresses.

1. Plante aquatique, sorte de nénuphar, aux grosses fleurs blanches ou bleues en Égypte.

Il s'approche du bassin, cueille une fleur de lotus bleu au parfum délicat et l'offre à Cléopâtre qui la glisse dans ses cheveux.

Instantanément, le babouin copie les gestes de son jeune maître. Il arrache une poignée de pousses de papyrus et porte à la reine son bouquet maculé de vase et dégoulinant d'eau. Remuant son arrière-train violacé, chez lui signe d'un grand plaisir, il attend sa récompense : une caresse sur sa tête et son dos recouverts de longs poils le ravit.

— Nourrice, commande Cléopâtre en abandonnant le jeune animal, que l'on nous apporte des boissons, des gâteaux et des fruits sous le kiosque du jardin. Viens, Césarion, et raconte-moi tout ce que tu as fait pendant mon absence.

Goûtant la douceur du jour, la reine et son fils s'éloignent en bavardant. À peine ont-ils fait quelques pas que Jâân[1] le babouin se faufile entre eux. Jaloux, l'animal les sépare puis glisse une de ses pattes dans la main de Cléopâtre et l'autre dans celle de Césarion.

— En voilà des façons, gronde la reine.

— Ne te fâche pas, tu lui as manqué. Il t'aime lui aussi.

Jâân secoue la tête, approuvant son jeune maître.

— J'ai un peu joué, pas trop, et beaucoup travaillé.

1. Nom égyptien du « babouin ».

J'ai appris à écrire l'alphabet[1], annonce fièrement Césarion.

— Bien, je vérifierai si tu connais toutes tes lettres.

— Juré ! Et c'est facile. N'oublie pas que je suis grand maintenant.

— C'est vrai, reconnaît la reine, tu as déjà six ans.

— Jâân est bien plus jeune que moi et il n'apprend rien. J'ai pourtant essayé.

— Vraiment ?

— En plus, il n'est pas très courageux.

— Pourquoi dis-tu cela ? s'étonne la reine.

— Il a trop pleuré quand on lui a arraché les dents et il a gémi pendant des jours.

— Mets-toi à sa place, Césarion. C'est certainement douloureux.

— Heureusement qu'on ne lui a arraché que les canines ! Et pourquoi fait-on ça ?

Cléopâtre sourit, attendrie.

— Afin qu'il ne te fasse jamais mal en jouant, explique-t-elle. Une vilaine morsure arrive si vite… Alors ce serait toi qui pleurerais.

— Tu as sûrement raison. Viens, Jâân, sur mon épaule !

Aussitôt le babouin bondit, pose ses pattes avant

1. L'alphabet grec, langue utilisée par les pharaons de cette époque, qui gouvernent l'Égypte depuis sa conquête par Alexandre le Grand en 332-331 av. J.-C.

sur la tête de Césarion et s'assoit sur sa nuque en grognant de plaisir.

— Tu as vu, je suis prince et sais me faire obéir.

— Tu seras un grand pharaon, noble Césarion, fils de César et Cléopâtre, proclame la reine.

Elle s'arrête soudain, frissonnante. Ses propres paroles l'inquiètent.

— Quel sera son avenir ? murmure-t-elle.

— Faisons la course jusqu'au kiosque, propose le garçonnet en lâchant sa main.

Il s'élance, déjà suivi par Jâân et Cléopâtre.

6

Souvenirs partagés

Depuis son retour à Alexandrie, Cléopâtre répartit son temps entre les affaires de son royaume et son fils. Comme elle sait qu'un prince doit être savant pour devenir bon pharaon, elle choisit pour Césarion les meilleurs maîtres. Dès qu'elle le peut, elle partage avec lui tout ce qu'elle sait : son amour des belles choses, son goût de l'étude, son plaisir de lire, d'écrire, de découvrir, de discuter.

Désormais, leur promenade dans les jardins du palais est devenue une habitude. La reine retrouve son petit prince et sa nourrice près du bassin aux lotus dès qu'elle quitte la Salle des Audiences. Jâân est toujours là avec ses farces et sa jalousie.

— C'est un bonheur d'apprendre, répète-t-elle à Césarion qui se plaint de la sévérité de ses maîtres. Tu ne peux passer ton temps à ennuyer les grenouilles et à salir ton chiton.

— Pourquoi pas ?

— Écoute-moi bien…

Lâchant la figue verte qu'il dépiautait près d'eux, le babouin saute sur le dos de la reine, se penche et, d'un geste sec, lui pince les lèvres.

Cléopâtre repousse l'animal.

Déjà, un gardien affolé accourt, brandissant le bâton terminé par une main qui terrifie Jâân. Grand et maigre, habillé d'un vieux pagne toujours sale, l'homme hurle des malédictions au singe qu'il menace de mille morts. Puis, tout en bafouillant des excuses à sa pharaonne, il agrippe une touffe du pelage en bas du dos de l'animal et s'éloigne avec le babouin gesticulant et criant.

Césarion s'amuse des colères de Jâân aussi violentes qu'éphémères, mais déteste quand il attaque sa mère.

— On ne fait pas ça à la reine d'Égypte ! crie-t-il à son babouin en fronçant les sourcils.

— Schrittttt, schrittttt, crache le singe aux babines retroussées.

— Il ne t'a pas fait trop mal ? s'inquiète Césarion en se tournant vers Cléopâtre.

— Pas du tout ! Moi aussi, j'avais un singe à ton âge et il n'était pas plus sage.

— J'ai soif et aussi un peu faim.

— Viens sous le kiosque, tu pourras t'y régaler, lui propose la reine. Nous profiterons de l'absence de Jâân pour bavarder un peu. Tu peux nous laisser, nourrice.

Les voilà tous les deux. Césarion glisse sa main dans celle de sa mère, réclame un baiser. Il aime être seul avec Cléopâtre qui est non seulement la plus belle et la plus gentille des mères, mais aussi la plus savante. Ce matin même, ses maîtres lui ont rappelé que la pharaonne connaît tous les textes grecs classiques, parle plusieurs langues dont celle des Égyptiens, déchiffre facilement les hiéroglyphes, adore l'arithmétique, l'astronomie et la médecine, joue de la lyre et chante aussi bien qu'une déesse.

— Jamais je ne pourrais savoir autant de choses que toi, se désole Césarion.

Il s'assied près de sa mère sur son fauteuil d'ébène incrusté d'ivoire qui l'attend toujours sous le kiosque du jardin. Il tend la main vers la table basse couverte de douceurs : gâteaux aux raisins ou au miel, fruits frais ou séchés. Il contemple ces merveilles un instant puis choisit un énorme gâteau croustillant.

— Tu seras plus savant que moi si tu le désires, le rassure Cléopâtre avec dans la voix tout l'amour d'une mère pour son enfant.

— Je ne pourrai jamais mettre tout ça dans ma tête. Elle est trop petite… En tout cas plus petite que la tienne.

— Tu vas grandir et ta tête grandira en même temps.

— Est-il vrai que tu ignores le latin, la langue de mon père ?

— Tout ce qu'il y a de plus vrai, enfin… Je le comprends un peu, mais n'en parle à personne. Ce sera notre secret.

La reine ferme les yeux un instant au souvenir si doux de César.

— Et pourquoi pas le latin ? insiste l'enfant. Ah ! revoilà Jâân avec son gardien au bout de sa laisse !

— Je crois que tu inverses les rôles, s'amuse Cléopâtre. C'est Jâân qui est tenu en laisse, pas son gardien.

Sitôt arrivé, le jeune babouin se glisse sous la chaise de son jeune maître chipant au passage une poignée de dattes sèches sur la table basse.

— Demain, je t'emmènerai à la Bibliothèque ou au Musée[1], continue la reine. Nous rencontrerons Pothin le mathématicien ou peut-être l'astronome Sosigène[2]. Tu verras comme c'est agréable de l'écouter parler des étoiles et de la lune qui croît et décroît… Pleine lune ou mince croissant.

Césarion ne semble pas convaincu. Recroquevillé

1. Lieu où se rencontrent et travaillent les plus grands savants de cette époque.

2. Le savant Sosigène remania le calendrier romain pour Jules César.

sur son fauteuil, il émiette son gâteau en regardant la colonne de fourmis affamées qui approche. Il regrette que Jâân soit aussi sage.

— La bibliothèque d'Alexandrie, poursuit Cléopâtre de sa voix mélodieuse, compte 700 000 ouvrages, 700 000 rouleaux de papyrus ! Te rends-tu compte de cette merveille ?

— Oh, que oui, je m'en rends compte, répond Césarion tremblant à l'idée de devoir tous les lire !

— Quant au Musée…

— Tu me diras cela demain, si tu veux bien, propose le jeune prince. Je voudrais que tu me racontes comment tu as rencontré mon père, j'adore cette histoire.

Cléopâtre est incapable de résister à ce petit visage mince aux yeux sombres et brillants, à son sourire. Elle commence d'une voix émue :

— Les navires du puissant Jules César entrèrent dans le port d'Alexandrie par un beau jour d'automne de l'an 3 de mon règne[1]. En ce temps-là, je régnais sur l'Égypte avec mon frère Ptolémée[2] que ses abominables conseillers poussaient à me chasser de mon propre royaume… Bref, je m'étais enfuie et vivais depuis quelques semaines dans le désert de l'Est quand un messager de César arriva.

---

1. Octobre de l'an 48 av. J.-C.
2. Ptolémée XIII, mort en 47 av. J.-C.

Césarion l'écoute, bouche bée. Il en oublie même de manger.

— César exigeait ma présence à Alexandrie. Pourtant de nombreux dangers m'attendaient sur les routes d'Égypte car Ptolémée, ne se contentant plus de mon exil, voulait ma mort.

— Mais il n'a rien pu faire contre toi ? demande le prince comme chaque fois.

— Absolument rien ! poursuit Cléopâtre. Le soir même, sous un ciel sombre éclairé d'une lune d'or et de milliers d'étoiles, je quittai mon refuge avec Apollodore le Sicilien.

— L'Apollodore que je connais ? interrompt le prince.

— Oui, tu le sais très bien.

— C'était juste pour vérifier… Viens sur mes genoux, Jâân, et écoute.

Le babouin obéit aussitôt.

— Je quittai donc mon refuge avec Apollodore le Sicilien et un tapis, reprend la reine. Nous rejoignîmes le rivage où une barque nous attendait. Sitôt à bord, Apollodore se mit à ramer. Il faisait un temps magnifique.

— Alors ? s'impatiente Césarion.

— Quand il aperçut le feu au sommet du Phare, Apollodore lâcha les rames tandis que je m'allongeai sur le tapis. Il m'en enveloppa et ficela solidement le tout, ne me laissant qu'une petite ouverture pour respirer. Je fermai les yeux, calmai mon cœur qui battait très vite.

— Je te comprends, approuve l'enfant.

Il caresse la tête de Jâân si doucement que l'animal, au comble du bonheur, plisse le museau.

— Je crois bien que je m'endormis, poursuit la pharaonne. Le claquement sonore des vagues de la mer se brisant sur les rochers me réveilla. La barque heurta quelque chose, tangua, se stabilisa enfin. Je sentis Apollodore saisir le tapis où je me cachai et le poser avec précaution sur son épaule.

— Tu bougeais un peu ?

— Non, je devais absolument rester immobile et surtout ne pas dire un mot.

— Alors ça, c'était sûrement dur pour toi.

— Oui, très dur, avoue Cléopâtre. Tu me connais bien, mais écoute la suite sans m'interrompre tout le temps.

— D'accord, bougonne Césarion.

— Son lourd fardeau sur l'épaule, Apollodore avança pieds nus, sans bruit, continue la reine. Il franchit les enceintes du palais par les portes oubliées que seuls les esclaves utilisent. Il marchait, marchait et, tout à coup, j'entendis : « Halte ! » Apollodore répondit qu'il apportait un présent à César de la part de la reine Cléopâtre.

— À quoi pensais-tu dans ton tapis ? demande Césarion en gratouillant maintenant le ventre poilu de Jâân.

— Honnêtement, j'avais chaud et un peu peur, reconnaît la reine. Pourtant mon plan se déroulait sans problème. Mon étrange promenade reprit. Soudain, j'entendis César crier : « Laissez entrer cet homme ! »

— Comment savais-tu que c'était lui ?

— Je ne le savais pas, je l'ai su quelques minutes plus tard. Apollodore exigea de rester seul avec César qui fit sortir ses officiers et ses gardes.

— Pour lui, c'était risqué car il ne savait ni ce que voulait son visiteur ni ce qu'il transportait !

— Oui, mais n'oublie pas que ton père était le plus courageux des hommes. Après quelques bruits de pas et le claquement d'une porte, Apollodore me déposa sur le sol avec une infinie douceur. Il dénoua les liens autour du tapis si solidement fermé et le déroula.

— Alors ?

Le jeune prince regarde sa mère, un sourire béat flottant sur ses lèvres, heureux comme à chaque fois en entendant ce récit. Il a oublié les fourmis qui, une à une, emportent les miettes de son gâteau. Il a oublié Jâân qui joue avec son collier d'or.

— Alors ? Calme et souriante, moi, Cléopâtre reine d'Égypte, je me levai devant Jules César, le puissant Romain. Malgré les fourmillements douloureux qui paralysaient mes jambes et mes bras, je lui souris. Je vérifiai d'une main rapide ma coiffure et lui dis : « Vous vouliez me voir, César, me voici ! »

Césarion ne quitte pas sa mère des yeux, comme

hypnotisé, tandis qu'elle avale quelques gorgées d'eau fraîche avant de poursuivre son récit.

— Le célèbre général vainqueur des Gaules et de la Germanie avait mené bien des batailles. Il avait affronté bien des dangers et connu bien des surprises, mais il ne sut que répondre. Pour briser le silence, je lui demandai une boisson fraîche après ce voyage, disons, inconfortable. César m'apporta une coupe de vin doux. Il appréciait déjà mon audace et mon sang-froid. Je le vis dans ses yeux.

Cléopâtre garde le silence un instant, bouleversée.

— J'ai aimé ton père, continue-t-elle d'une voix brisée d'émotion, dès cet instant : son allure, l'intelligence de son regard, la chaleur de son sourire un peu moqueur. « Alors ma reine, causons », me proposa-t-il en s'asseyant près de moi.

— Et vous êtes devenus amis ?

— Oui, nous avons parlé toute la nuit. Il promit de m'aider à redevenir reine pour rester fidèle au testament de mon père Ptolémée l'Aulète[1], qui voulait que sa fille Cléopâtre et son fils Ptolémée lui succèdent tous deux sur le trône d'Égypte. Et Jules César a tenu parole.

1. Ptolémée XII l'Aulète, mort en 51 avant notre ère.

7

Une vie « inimitable »

Aux premiers jours du printemps, Cléopâtre travaille dans la Salle des Audiences quand un messager, tout essoufflé, demande à être reçu sans délai.

— Majesté, dit l'homme après avoir salué sa reine comme il se doit. Des navires de guerre romains approchent du Phare. Ils s'apprêtent à entrer dans le Grand-Port. Quels sont vos ordres ?

— Viennent-ils de l'est ? interroge Cléopâtre.

Elle sent son cœur s'emballer dans sa poitrine et tente de cacher son émotion à ses ministres et conseillers. Pourtant, elle en est sûre, elle le sent, elle le sait : c'est lui, Antoine ! Ainsi, il a tenu parole. Il a rapidement quitté Tarse et vogué vers Alexandrie. Est-il, comme elle, pressé de retrouver leurs joyeux banquets, leurs conversations, leurs rires et leur amour naissant ? En rêve-t-il aussi chaque nuit ?

— Ils arrivent de l'est, Majesté, précise le messager. Faut-il bloquer l'entrée du port ?

— Certes non, Diomède ! s'écrie la reine. Cours accueillir le consul et conduis-le au palais. Je l'attendrai sur la terrasse aux jasmins.

Puis elle se tourne vers ses ministres et conseillers pour ajouter :

— Nous poursuivrons nos travaux demain.

Déjà, elle se lève, quitte son trône et sort de la Salle des Audiences. Elle marche à grands pas vers ses appartements, se retenant de courir dans ces couloirs qui n'en finissent pas. Mais une telle précipitation serait indigne d'une reine.

— Charmion ! Iras ! hurle-t-elle sitôt arrivée. Vite, recoiffez-moi ! Sortez mon chiton et mon himation rehaussés de fils d'argent.

Elle tamponne son visage avec une étoffe humide pour se rafraîchir.

— Malheur à vous, lamentables tortues ! Que vous êtes lentes aujourd'hui ! Antoine arrive, ne comprenez-vous pas ?

Pourtant ses servantes agissent aussi vite qu'il est humainement possible de le faire. Efficaces et dévouées, comme toujours. Elles habillent leur reine avec soin, soulignent ses yeux d'un trait sombre et rehaussent ses lèvres d'un soupçon de rouge. Puis elles la recoiffent avant de glisser un diadème d'or dans ses cheveux.

Enfin satisfaite après un dernier coup d'œil dans son miroir, Cléopâtre s'approche d'une des fenêtres de sa chambre. Les oiseaux chantent gaiement dans les jardins du palais. Au-delà des arbres, elle aperçoit la mer d'un bleu profond et des barques de pêcheurs escortées de mouettes. Elle respire avec délices l'air pur qui souffle du large et se laisse envahir par un immense bonheur.

Quelques minutes plus tard, Cléopâtre et Antoine se retrouvent sur la terrasse aux jasmins. Baisers, serments, promesses de ne plus jamais se quitter et rires partagés.

Pour la première fois depuis l'assassinat de César, l'avenir sourit à la reine. Le bonheur renaît au palais.

Désormais, Antoine et Cléopâtre ne se quittent plus. Jamais elle ne l'ennuie, jamais il ne l'ennuie. Ils s'aiment tout simplement.

Cependant la pharaonne n'oublie pas de retrouver ses ministres et conseillers chaque matin dans la Salle des Audiences. Elle ne manque aucun de ses rendez-vous avec Césarion, toujours escorté de sa nourrice, de Jâân et de son gardien. Elle le retrouve parfois près du bassin aux lotus pour un tête-à-tête charmant ou demande à Antoine de l'accompagner. Le jeune prince a d'autant plus rapidement accepté le consul que la reine lui a murmuré au creux de l'oreille :

— C'était un fidèle ami de ton père.

Antoine et Cléopâtre aiment retrouver quelques amis, alexandrins et romains. Ils s'amusent tant qu'ils qualifient eux-mêmes leur vie d'« *inimitable* » ! Les plaisirs succèdent aux plaisirs, toujours surprenants, toujours nouveaux. Toutes les extravagances sont permises. Toutes les idées sont bonnes et Cléopâtre, qui savoure chaque miette de ce bonheur retrouvé, n'en manque pas. Elle s'est promis de faire de chacun des jours et de chacune des nuits passés avec Antoine des moments de délices. Et elle tient sa promesse.

Pour lui plaire, la reine prépare des fêtes, des festins, des cortèges étonnants et des promenades originales à la découverte des merveilles d'Alexandrie. Elle joue, elle chante, elle se déguise, elle boit, elle mange, elle rit. Elle le charme par sa conversation, assiste à l'entraînement des légionnaires et, à sa demande, l'accompagne presque partout. Elle organise des promenades en barque sur le lac Maréotis[1], des chasses dans les déserts ou les marais de papyrus et de lotus parfumés.

---

1. Au sud d'Alexandrie.

8

N'est pas pêcheur qui veut

Passer le printemps à Alexandrie, la plus belle et la plus grande ville du monde antique, transforme peu à peu Antoine. Jusqu'à ce jour, le consul adorait guerroyer pour la glorieuse Rome. Maintenant, il refuse de se séparer de celle qu'il aime. Il n'a pas envie de quitter ce palais féerique. Il ne songe même pas à s'en éloigner, ne serait-ce que quelques jours. D'ailleurs pourquoi le ferait-il ? Il contrôle toute la région aussi bien depuis Alexandrie que depuis Tarse.

Voilà déjà les fortes chaleurs d'été, tempérées par la brise marine, l'ombre des arbres des jardins royaux et les murs épais du palais. Sur la terrasse aux jasmins, Antoine et Cléopâtre bavardent confortablement installés sur des lits de repos. Ils attendent ainsi la fraîcheur du soir.

— Que dirais-tu d'aller pêcher demain ? lui propose la reine en laissant errer son regard sur la mer écrasée de soleil.

— Excellente idée !

— Alors, c'est entendu. Nous quitterons Alexandrie dès l'aube pour être de retour avant la chaleur de midi.

— Emmenons Césarion, ajoute Antoine, ça l'amusera.

C'est ainsi qu'à l'heure où disparaissent les dernières étoiles, un petit groupe se dirige vers le port et embarque sur une dizaine de bateaux de pêche. Amis, soldats, pêcheurs, serviteurs portant nourritures, boissons, cannes à pêche, filets, paniers, parasols, éventails et coussins de soie. Rien ne manque.

Nez en l'air, Césarion s'amuse à compter les mouettes qui suivent la flottille pendant que Jâân les appelle à grands cris depuis le haut du mât où il s'agite. Se tenant par la main, Cléopâtre et Antoine s'amusent d'un tel spectacle. Ils dégustent des gâteaux délicieux en forme de pyramide, boivent un jus de raisin rouge puis, voyant les pêcheurs jeter leurs filets, ils empoignent leurs cannes à pêche. Leurs hameçons disparaissent aussitôt dans les flots tandis que Césarion maintient au ras de l'eau une épuisette à large bord.

Bientôt Cléopâtre jette au fond de son panier un poisson-scie[1] de petite taille. Elle y ajoute très vite trois poissons aux écailles mordorées et relance sa ligne.

— Magnifique ! s'écrie le prince en apercevant au loin des dauphins à grande nageoire.

— Chut, gronde la reine. Le bruit est l'ennemi des pêcheurs. Tu m'avais promis d'être sage et surtout silencieux.

Césarion se modère aussitôt. Il sort son épuisette de l'eau et y découvre avec joie un calamar qu'il jette sur le pont. À sa vue, des mouettes affamées se rapprochent en criant. Jâân hurle pour les faire fuir, multipliant les gestes désordonnés.

Le calme revient enfin.

Encore un beau poisson pour Cléopâtre. Antoine jette sur elle un regard envieux car son panier reste désespérément vide ! Quelle injustice !

— Je prèfèrerai une étoile de mer, c'est plus joli qu'un calamar, regrette Césarion. Ou mieux encore un hippocampe.

— Chutttt, répète sa mère. Regarde !

Ondulant sous la coque du bateau, un banc de poissons nargue les pêcheurs avant de tomber dans l'un de leurs filets. Mais pas un seul ne daigne mordre à l'hameçon du consul qui cache difficilement sa

1. Sorte de raie pouvant atteindre plus de 3 mètres à l'âge adulte.

colère. Vexé de ne rien prendre, il appelle doucement un des serviteurs et murmure à son oreille :

— Sois discret, saute à l'eau et accroche des poissons à mes hameçons, murmure le consul. Surtout ne te fais pas voir !

Obéissant, l'homme plonge. Quelques minutes plus tard, Antoine tire sa ligne de l'eau, lourde de trois énormes poissons au bout de ses trois hameçons.

— Cléopâtre ! crie-t-il en rugissant de plaisir. Voilà ce qu'on appelle une belle pêche.

— C'est ton jour de chance ! se réjouit la reine en l'embrassant. Tu es assurément le meilleur pêcheur de tout le royaume d'Égypte.

Sentant venir un fou rire irrésistible, car elle avait vu l'homme plonger trois poissons à la main, Cléopâtre dissimule son visage sous son grand chapeau à la mode alexandrine et lui tourne le dos. Le consul a triché. Pourtant elle ne dira rien. Bien au contraire, cette ruse enfantine l'attendrit. Antoine manque de patience, change souvent d'idées, ment parfois. Elle connaît ses défauts, ses immenses qualités aussi, mais quoi qu'il en soit, elle ne peut s'empêcher de l'aimer.

— Puisque cela te plaît, nous reviendrons pêcher demain, lui propose-t-elle en retrouvant son calme. Ce sera encore une belle journée.

Antoine ne répond pas, effrayé à cette idée.

Sitôt les ordres donnés, les bateaux rentrent à Alexandrie. Césarion qui a lâché son épuisette s'est endormi. Toujours assis sur le mât, Jâân veille sur lui comme sa nourrice qui l'évente doucement.

À l'aube le lendemain, déjà embarqués, Cléopâtre, Antoine et leurs amis s'éloignent des côtes. Fatigué, le jeune prince est resté au palais. La mer est d'huile, le ciel sans nuage. Bientôt, les uns jettent leurs filets, les autres lancent leurs lignes. Tous gardent le silence.

Antoine s'impatiente déjà. Il espère l'aide des dieux, à moins qu'il ne demande à son complice de plonger à nouveau. Cependant, la chose s'annonce plus difficile car, et il ignore pourquoi, Cléopâtre ne le quitte pas des yeux.

« Elle se doute de quelque chose », conclut-il.

Soudain, sa ligne s'enfonce dans l'eau : un vrai miracle ! Sûr d'avoir une belle prise et, par la même occasion sauvé son honneur, Antoine sort sa canne et découvre un poisson… Mais pas un poisson frais, frétillant et bien vivant ! Non, il a pêché un poisson mort, vidé, séché au soleil, salé à point et prêt à être mangé !

Près de lui, Cléopâtre éclate de rire.

— J'avoue, explique-t-elle en retrouvant son sérieux, que je t'ai vu tricher, hier. Alors, j'ai demandé à un de mes pêcheurs d'accrocher ce poisson-là au bout de ta ligne. Une petite blague, une toute petite blague.

Cléopâtre se blottit dans les bras du consul qui hésite entre la colère et la gaieté.

— Laisse ta ligne et tes hameçons à ceux qui connaissent la mer, lui conseille tendrement la reine. Tu n'es ni bon pêcheur ni bon chasseur, tu es un conquérant. Les villes, les pays, les rois et… les reines, voilà ton gibier !

Antoine décide d'en rire, lui aussi. Car, s'il adore faire des farces, il apprécie aussi qu'on lui en fasse. Plus jamais il n'ira pêcher.

9

La fin du bonheur

En cet hiver de l'an 11 de son règne[1], la reine Cléopâtre connaît un bonheur parfait. Elle est enceinte. Césarion grandit, s'assagit et s'instruit. La crue du Nil a été bonne, ni trop abondante ni trop faible. Les récoltes s'annoncent excellentes. L'ordre règne en son royaume.

Alexandrie bouillonne d'activité. Soldats et marins, marchands et artisans, fonctionnaires royaux, savants et artistes s'y croisent et s'y côtoient. La reine a commencé la rédaction d'un *Traité sur les cosmétiques*, sujet d'autant plus intéressant que, comme toutes les Alexandrines, elle adore les fards pour les yeux, les

1. En février de l'an 40 av. J.-C.

crèmes onctueuses et les huiles parfumées. Voilà des mois qu'elle étudie la question, lit des textes anciens, interroge de vieux prêtres-embaumeurs, sans oublier Charmion sa servante experte en la matière.

Tôt ce matin-là, seule dans ses appartements, la reine déroule un long papyrus sur ses genoux. Elle prépare encre et pointe de roseau taillée et, d'une belle écriture, note tout ce qu'elle sait sur l'antique dieu égyptien Chémou.

Dans ses laboratoires divins, le dieu parfumeur prépare les essences de fleurs rares qui réjouissent les dieux comme les humains. Sous l'aspect d'un lion ou d'un homme aux bras chargés de pots fumants et odorants, Chémou invente des parfums merveilleux.

Tout à son travail, Cléopâtre n'entend pas Antoine arriver. Il s'assied près d'elle et la regarde faire. Il vit à Alexandrie depuis un an déjà. Un an de bonheurs partagés. Il a rangé sa toge romaine, lourde et encombrante. Maintenant, il porte une tunique courte à la mode d'Alexandrie et des sandales de cuir léger. Mais il n'oublie jamais qu'il est l'homme le plus puissant de Rome et, tandis que Cléopâtre écrit ou dirige son royaume depuis la Salle des Audiences, il reçoit lui aussi, chaque jour, de nombreux messagers. Il discute, décide, ordonne, rédige des rapports.

— Que se passe-t-il ? s'effraye Cléopâtre en découvrant son air soucieux. As-tu reçu de mauvaises nouvelles ? Est-ce grave ?

Le consul fronce le sourcil, bougonne une réponse incompréhensible, garde le silence un long moment et lance :

— Grave, peut-être pas, ou pas encore… En tout cas, préoccupant. J'ai quitté Rome, il y a si longtemps.

— Explique-toi, Antoine ! s'énerve la reine en resserrant sur elle un long voile de laine.

— Les Parthes sont passés à l'offensive et menacent des territoires contrôlés par Rome depuis des années : la Syrie, l'Asie Mineure et la Judée maintenant ! Quant à Fulvia…

— Fulvia ? Ton épouse n'est-elle pas à Rome ? s'étonne Cléopâtre qui pose sur une table basse son papyrus et son matériel à écrire. Sois plus clair, je ne comprends rien à ce que tu dis.

L'inquiétude d'Antoine la gagne.

— Justement, Fulvia s'agite là-bas. Elle me supplie de rentrer. Octave profite de mon absence, m'écrit-elle, pour augmenter son pouvoir et me nuire.

— Octave, le petit-neveu de César ?

— Lui-même ! Fulvia m'affirme que ce gamin[1], car je pourrais être son père, complote contre moi.

Antoine tape rageusement l'un des coussins de soie posé à côté de lui. Sous la violence de ses coups, l'une des coutures craque et des plumes s'envolent.

— Il y a des mois, ce gamin, comme tu dis, a obtenu du Sénat de Rome des pouvoirs extraordi-

1. Octave est né en 63 av. J.-C.

naires pour combattre tous vos ennemis, lui rappelle Cléopâtre. Il est triumvir[1], au même titre que toi !

— En tout cas, Fulvia le craint, continue Antoine en jetant le coussin au sol. Alors, pensant bien faire, elle sème le trouble dans toute l'Italie, crée des soulèvements ici et là. Elle espère ainsi prouver à Octave que j'ai de très nombreux partisans et m'obliger à rentrer.

— Ta femme a raison : il est puissant et ambitieux !

Un faucon passe au-dessus des arbres du jardin comme un éclair sombre et s'éloigne en lançant des cris rauques.

— Si je comprends bien, tu comptes quitter Alexandrie ? reprend la reine d'une voix blanche.

Antoine baisse la tête, serre les poings et reconnaît, furieux :

— Oui. Je dois au plus vite soumettre les Parthes à la puissance de Rome, les vaincre définitivement et rentrer en Italie où Octave…

Il s'interrompt, n'osant tout raconter à Cléopâtre. À quoi bon l'inquiéter encore plus ?

Recroquevillée sur son fauteuil, la reine tend les mains vers le brasero qui réchauffe la pièce où se glissent les vents froids de l'hiver. Son cœur lui-même se glace.

---

1. À cette époque, le Sénat romain a nommé trois triumvirs qui se partagent le pouvoir.

— Ainsi tu vas partir, comme César, murmure-t-elle. Nous serons séparés, pour toujours peut-être.

— Je serai de retour dans quelques mois, promet le consul en la prenant dans ses bras.

— Avant de nous séparer, reprend la reine, je veux que tu partages mon secret, notre secret. Je veux que tu saches quc notre enfant naîtra aux premiers jours de l'été.

Ému, Antoine s'agenouille devant sa reine et pose sa tête sur ses genoux.

— Je reviendrai, promet-il. Le temps de quelques combats et je reviendrai.

Silencieuse, Cléopâtre caresse ses cheveux bouclés. Cette nuit encore, il sera près d'elle. Elle entendra son souffle régulier. Mais demain ? Comme il lui manquera ! Elle savait qu'un jour ou l'autre, il partirait. Ce jour est venu.

Déjà, le consul se relève et, les yeux baignés de larmes, s'éloigne après un dernier baiser.

Quand les navires d'Antoine disparaissent derrière l'île du Phare, seule désormais avec ses souvenirs, la reine se jette sur son lit. Elle éclate en sanglots. Inconsolable. Charmion lui apporte aussitôt un breuvage aux *herbes-des-marais-qui-repoussent-les-chagrins* tandis qu'Iras lui masse les tempes. Dans les jardins royaux, Césarion chantonne. Les oiseaux lui répondent. Jâân participe au concert par quelques cris discordants.

s lui

Ant

10

Loin des yeux, loin du cœur

La « vie inimitable » n'est plus qu'un merveilleux souvenir pour Cléopâtre. Les jours et les nuits lui semblent interminables. Quoi de plus normal après un an d'amour ! La reine souffre de l'absence d'Antoine, mais elle garde le sourire et attend le retour de son consul.

Comme chaque matin, la pharaonne dirige son royaume depuis la Salle des Audiences où les messagers lui portent des nouvelles lointaines. Puis, les affaires d'État réglées, elle va au Musée ou à la Bibliothèque discuter avec quelques savants. Elle lit, étudie, avance l'écriture de son *Traité sur les cosmétiques* ou se promène avec Césarion, son adorable petit prince, sa joie de vivre. Elle a choisi pour lui d'excellents maîtres afin qu'il devienne le meilleur des rois et se réjouit de le voir si studieux. Elle l'en félicite souvent.

— Que fais-tu là ? demande-t-elle à Césarion qu'elle découvre à plat ventre sur le sol près du bassin aux lotus, le menton au raz de l'eau.

— J'examine des têtards, explique le garçonnet. Ils gigotent sous les feuilles larges et rondes et en profitent pour s'y cacher. Il y en a des centaines !

À distance raisonnable car il déteste être éclaboussé, Jâân s'est caché dans les pieds de vigne qui grimpent sur un treillage. Il en a détaché une grappe dont il arrache les grains, petits et durs en ce début de printemps[1]. Il les mâchouille un à un et les recrache tout en épiant son jeune maître.

— Est-il vrai qu'un onguent fabriqué à base de têtard protège les cheveux ? interroge Césarion après avoir salué sa mère. Si c'est vrai, il doit sentir mauvais.

Étonnée par son étrange question, Cléopâtre s'approche à pas lents. Elle soutient de sa main son ventre énorme qui d'après son médecin Olympus, cache non pas un, mais deux bébés. Les enfants d'Antoine !

— Absolument exact, mon prince, lui dit-elle. Suis-moi sous le kiosque car je suis fatiguée et je répondrai à toutes tes questions dès que je serai assise.

— Difficile à croire cette histoire d'onguent, s'entête l'enfant que son chiton mouillé ne gêne absolument pas. Puisque les têtards n'ont pas de cheveux,

1. De l'an 40 av. J.-C.

comment peuvent-ils fortifier les nôtres ? Impossible, ou bien ils sont drôlement forts ! En tout cas, avec tous les poils qu'il a sur le dos, Jâân n'en a pas besoin.

Entendant son nom, le babouin abandonne ses raisins qui s'éparpillent sur l'allée et suit son maître de sa démarche chaloupée.

— Tu n'en as pas besoin non plus, petit prince, ajoute la reine en caressant ses belles boucles brunes. Tu as des cheveux magnifiques.

Comme à leur habitude, Cléopâtre et Césarion bavardent jusqu'à la tombée du jour sous le kiosque du jardin. Jâân, étonnamment sage, se contente d'éloigner un hérisson par ses cris, prenant garde de ne pas le toucher.

En Égypte, le crépuscule est bref. Le soleil a disparu en quelques minutes, mais au lieu de rentrer au palais, Cléopâtre et Césarion poursuivent leur discussion. Après les têtards, ils parlent des grenouilles, des tortues, des libellules, des papillons et des hérissons. Elle lui promet une promenade en barque dans les marais du Nil où vivent hippopotames et crocodiles. Enchanté, le prince lui saute au cou.

Le lendemain matin, l'un des messagers qui attend la pharaonne dans la Salle des Audiences lui apporte une excellente nouvelle : l'armée du consul a vaincu les Parthes !

« Antoine victorieux va revenir », se dit-elle.

Cléopâtre se réjouit de sa victoire, mais le silence du consul la désole et l'inquiète car il ne lui a pas écrit une seule lettre depuis son départ. Rien depuis de longues semaines.

L'a-t-il oubliée ?

Quelques jours plus tard, Cléopâtre apprend qu'Antoine est en route pour Athènes où l'attend sa femme ! Son cœur balance entre fureur et désespoir.

— Le lâche, l'ignoble personnage, marmonne-t-elle entre ses dents.

Rouge de colère, elle fait les cent pas sur la terrasse aux jasmins où elle s'est réfugiée.

— Iras ! hurle-t-elle. Je t'ai demandé une coupe de vin doux. Que fais-tu, paresseuse ?

— J'arrive, Majesté.

La jeune servante se dépêche, mais elle ne peut courir, de peur de renverser le vin.

— Apporte-moi du vin en quantité, ordonne Cléopâtre en vidant sa coupe d'un trait. Je vais boire toute la nuit pour oublier ce scélérat, ce traître, cet infidèle.

La nuit est tombée quand Iras protège de la fraîcheur du soir sa reine endormie par une épaisse couverture. Elle ne comprend pas pourquoi le consul agit ainsi.

— Pourtant, j'en suis sûre, ce Romain aime notre reine, la rassure Charmion un peu plus tard.

— Pas du tout ! Les hommes sont tous des ingrats, soupire Iras. Les Romains encore plus que les autres.

En fait, loin de là, Antoine n'a pas oublié Cléopâtre. Il pense à elle et espère la rejoindre bien vite.

C'est vrai, il pourrait lui écrire, au moins quelques

lignes, lui expliquer ce qui se passe, lui parler de son amour. Mais le consul déteste ce genre de choses. Lui, le militaire aux nombreuses victoires, adore l'action. C'est tout.

Après avoir résolu le problème parthe, il doit calmer son épouse Fulvia au plus vite. Cette dernière a voulu l'aider ! Une idée absurde. Son soulèvement contre Octave s'est soldé par un échec cuisant et la voilà à Athènes qui réclame son aide.

Sans prévenir Cléopâtre par une lettre ou un messager, Antoine rejoint donc sa femme et exige des explications. L'entrevue est orageuse. Il quitte Fulvia, fou de rage. À cause d'elle, il doit rentrer en Italie où s'affrontent ses partisans et ceux d'Octave.

Pendant que le consul se bat, Romains contre Romains, l'été arrive. À Rome comme à Alexandrie, le soleil règne en maître. Les journées sont étouffantes, presque autant que les nuits.

Antoine n'est pas là quand Cléopâtre accouche. Des jumeaux, un garçon et une fille ! La reine choisit pour eux des prénoms qui, elle en est sûre, leur porteront chance : Cléopâtre Séléné[1] pour sa petite princesse et Alexandre Hélios[2] pour son prince. Césarion s'étonne de les découvrir si fragiles, si petits, et adore s'amuser avec eux.

---

1. Déesse grecque de la Lune, sœur d'Hélios.
2. Dieu grec du Soleil, frère de Séléné.

Au début de l'automne[1], toujours sans nouvelles du consul, Cléopâtre se réjouit d'apprendre, grâce à ses messagers, que les combats ont cessé en Italie. De nouveaux accords ont été conclus entre les triumvirs ennemis : Antoine doit s'occuper principalement de l'Orient, Octave de l'Occident[2] et Lépide de l'Afrique. Autre nouvelle, Fulvia est morte.

« Il va me revenir ! pense la reine. Plus rien ne le retient loin de moi. »

Les jours et les semaines passent. Il semble que Cléopâtre et l'Égypte n'ont jamais existé pour le consul.

La pharaonne espère, se désespère, envoie des messagers et finit par apprendre qu'Antoine, son Antoine qui lui a tant de fois juré un amour éternel, a épousé Octavie, la sœur d'Octave.

Octavie ! Une femme jeune, beaucoup plus jeune qu'elle, célèbre pour sa grâce, sa bonté, son honnêteté, son intelligence et sa rare beauté !

Cléopâtre aurait pu comprendre un mariage d'intérêt, un mariage politique pour mettre fin à une guerre ou sceller un accord, mais on lui affirme qu'Antoine est amoureux d'Octavie. Jamais la reine n'a tant pleuré.

1. Octobre de l'an 40 av. J.-C.

2. Rome et l'Italie, cœur de la puissance romaine, restent en dehors de ce partage.

11

Tenter d'oublier

Au palais d'Alexandrie, les jours et les mois se succèdent avec une lenteur désespérante pour Cléopâtre la solitaire. Heureusement, son royaume prospère et ses enfants, tous trois adorables, emplissent de leurs rires le palais et les jardins. Mais, la reine s'inquiète pour leur avenir. Elle sait que leur destin, comme celui de l'Égypte, dépend des puissants de Rome, d'Octave, de Lépide et… d'Antoine qui l'a totalement oubliée.

Antoine ! Ce seul nom la fait souffrir.

Cléopâtre a appris qu'il mène une vie joyeuse avec Octavie, qu'une petite fille leur est née[1] et que la jeune femme est à nouveau enceinte.

1. En 39 av. J.-C.

— Que le malheur soit sur eux, siffle la reine entre ses dents. Que les dieux punissent cet ingrat !

Mais il semble que les dieux, insensibles à sa douleur, ne l'entendent pas.

Ce matin, pour chasser le consul de ses pensées, Cléopâtre décide de quitter Alexandrie quelques heures. Pour cela, rien de mieux qu'une promenade avec Césarion et les jumeaux sur les berges du lac Maréotis parmi les vignes et les vergers. Son aîné a maintenant dix ans, mais les petits d'à peine trois ans supportent mal la chaleur étouffante en ville et anormalement forte cet automne[1].

À la demande de la reine, Charmion et Iras font préparer de nombreux paniers remplis de nourritures et de boissons, des éventails, des parasols, des sièges, ses coussins, des jeux... Heureux à l'idée de cette escapade, les princes et la princesse rejoignent leur mère. Bien sûr, Jâân est de la fête.

La journée est magnifique. La reine et ses enfants se sont régalés à l'ombre d'un figuier, ils se lancent maintenant dans une interminable partie de cache-cache, le jeu préféré d'Alexandre Hélios et de Cléopâtre Séléné. Puis pour faire plaisir à Césarion, ils montent sur une barque et s'éloignent sur les eaux tranquilles du lac. Ils rejoignent les fourrés de papyrus pour y surprendre les animaux des marais. Leur arri-

1. En 37 av. J.-C.

vée provoque un envol de flamants roses et de grues cendrées, mais ne gêne pas le héron magnifique qui se régale d'une grenouille.

— Regarde là-bas, murmure Césarion à l'oreille de sa mère, cette huppe secoue la tête ce qui donne une drôle de forme à son aigrette. On dirait...

— On dirait un chapeau ou un casque, propose la reine.

— Exactement, un casque romain comme celui d'An... !

— Tais-toi, tu dis des bêtises, Césarion.

Le prince regrette aussitôt ses paroles. Il a parlé trop précipitamment, comme d'habitude. Ses maîtres le grondent souvent à ce sujet. Il déteste faire de la peine à sa mère et, les yeux pleins de larmes, il admire le vol en piqué d'un martin-pêcheur rêvant d'attraper un poisson. Plus loin, un caméléon se promène de tige en tige, ce qui provoque les sauts affolés d'une nuée de sauterelles. Jâân tente d'en attraper au passage, mais ses petites mains ne retiennent que du vent.

— Il va tomber à l'eau ! s'amuse Cléopâtre Séléné.

Césarion retient son babouin par une patte quand, soudain, Alexandre Hélios se met à hurler en montrant une tache noire, minuscule, sur sa cuisse. Cléopâtre se penche, examine le danger avant d'éclater de rire.

— Si une simple araignée terrorise un prince, l'Égypte est en de mauvaises mains, s'amuse-t-elle.

Et, d'une chiquenaude, elle chasse l'animal qui se retrouve dans le lac et se noie sous leurs yeux.

En fin de journée, Cléopâtre et ses enfants rentrent au palais, fatigués mais heureux. La reine est à peine installée sur la terrasse aux jasmins, allongée sur son lit de repos, que Charmion apparaît.

— Que veux-tu ? demande la reine. Je t'avais dit que je voulais rester seule. Est-ce donc trop demander ?

— Majesté, Diomède désire vous parler.

— Ne peut-il attendre le Conseil du Matin ?

— Il dit que c'est urgent, insiste Charmion.

— Alors fais-le entrer, accepte Cléopâtre à regret.

La servante s'éloigne tandis que la reine ferme les yeux un instant. Craignant quelque malheur, elle ne peut calmer son cœur qui soudain bat à un rythme fou.

— Bonne ou mauvaise nouvelle ? demande-t-elle à Diomède d'une voix blanche.

— Je l'ignore, ma reine, mais un messager vient d'arriver au port et…

— Va droit au fait, je te prie, s'impatiente Cléopâtre.

— Majesté, le consul Antoine a soudainement quitté son épouse Octavie. Le bruit court qu'il l'a abandonnée, peut-être même répudiée.

— Abandonner sa femme ! Est-ce donc une seconde nature chez Antoine, murmure la reine. Connais-tu la raison de son départ, Diomède ?

— Je l'ignore, mais la nouvelle est si surprenante

que j'ai souhaité vous la faire connaître immédiatement.

— Le consul s'ennuie-t-il ?

— Peut-être, en tout cas il vogue vers Antioche d'Asie, la belle cité proche de la mer[1].

— A-t-il envie de retrouver la douceur de vivre des pays d'Orient ? Ou veut-il se couvrir de gloire sur les champs de bataille pour évincer l'orgueilleux Octave ?

— Tout est possible, Majesté. Nous recevrons bientôt d'autres nouvelles.

— Agis et agis vite, Diomède, je veux savoir où va Antoine et pourquoi, ordonne Cléopâtre. Préviens-moi dès que tu le sauras.

Et cette nuit-là, la reine rêve du consul, retrouvant au fond de sa mémoire la force intacte de son amour pour lui.

Quelques jours plus tard, Cléopâtre écoute le rapport d'un de ses ministres quand un certain Fonteius Capito, à peine débarqué à Alexandrie, demande à être reçu.

— Qu'il entre ! accepte la reine bien qu'elle déteste être ainsi interrompue.

L'homme arrive aussitôt. Émerveillé par la splendeur du palais, intimidé et gauche, il marche à petits pas. Il rajuste sa lourde toge romaine et salue la souveraine assise sur son trône d'or.

1. La mer Méditerranée.

— Je t'écoute, dit-elle.

Au premier regard, elle reconnaît Fonteius Capito, l'homme de confiance du consul. Ses mains tremblent légèrement et c'est le visage grave, parlant avec douceur, qu'elle ajoute :

— Quel est ton message ?

— Ô noble Pharaonne, le consul souhaite que vous le rejoigniez à Antioche.

Cléopâtre s'attendait à tout, mais pas à ça. Elle reste sans voix. Après ce long silence, le voilà qui lui ordonne tout simplement de venir à lui.

Suprême injure.

— Est-ce une habitude romaine de convoquer ainsi les reines ? Après Tarse, Antioche ?

Gêné, le messager baisse les yeux en guise de réponse. Un silence pesant écrase ministres et conseillers qui craignent la colère de leur pharaonne.

Tout d'abord, Cléopâtre veut refuser cette invitation indigne pour venger trois ans d'oubli et de mépris. Une revanche dont elle rêve depuis si longtemps. Puis, elle se ressaisit. Elle est reine avant tout. Elle doit agir dignement et choisir ce qui convient, non à son amour-propre, mais à son royaume. Enfin, elle sent sa tendresse pour Antoine tapie au fond de son cœur et décide de l'écouter.

— Je viendrai à Antioche, annonce-t-elle finalement de sa voix chantante. Préviens le consul.

Fonteius Capito aussitôt parti, la reine renvoie ministres et conseillers. Elle désire être seule. La porte de la Salle des Audiences à peine fermée, elle soupire, soulagée et fière d'avoir si bien réagi.

— Refuser l'invitation de l'homme le plus puissant de Rome aurait été une folie, se dit-elle.

Ses paroles résonnent dans la pièce immense et vide.

— Cependant, mon bel Antoine doit apprendre ce qu'il en coûte d'oublier Cléopâtre.

La pharaonne se lève, fait quelques pas, regagne son trône et poursuit à mi-voix :

— Depuis la victoire d'Octave sur Lépide qui s'est sottement révolté contre lui, il ne reste que deux triumvirs, deux maîtres de Rome... C'est un de trop ! Voilà pourquoi Antoine m'invite : il a besoin de la reine d'Égypte et de ses richesses. C'est certain. Mais a-t-il envie de mon amour ?

Pelotonnée sur son trône, le menton sur les genoux et le sourire aux lèvres, Cléopâtre prépare un plan. Elle doit obéir au consul tout en sauvant son honneur de femme délaissée, en protégeant son royaume et... en écoutant son cœur.

12

Pour le meilleur et le pire

Quelques jours de préparatifs lui ont suffi. Cléopâtre a retrouvé son calme dès le premier soir après avoir reçu sa « convocation » à Antioche. Son plan est prêt. Ses enfants seront du voyage sans oublier leurs nourrices, Jâân et son gardien. La reine doit jouer serré, mais elle ne s'inquiète pas : elle connaît bien Antoine et sait qu'il ne lui résistera pas : il comprend son intérêt et écoutera son cœur. Pourtant, elle craint la comparaison avec Octavie, si jeune, si belle, si intelligente. Son véritable ennemi !

Cléopâtre s'abandonne entre les mains de Charmion et d'Iras qui procèdent à sa toilette comme tous les matins. Maquillage, coiffure, bijoux… Elle embarque dans quelques heures. Inquiète, elle empoigne son miroir et examine son visage avec attention. Elle fronce les sourcils. Visiblement contrariée, elle lisse son front d'un doigt.

— Quelque chose vous inquiète, Majesté ? demande Iras.

— Quand ces rides sont-elles apparues au coin de mes yeux ? Et celles-là, à la commissure de mes lèvres ?

— Elles sont à peine visibles ! s'exclame la servante en observant de près le visage de sa reine.

— Si tu ne les vois pas, tu as de mauvais yeux ! Quant à toi, Charmion, au lieu de rester à ne rien faire, prépare donc un de ces onguents dont tu as le secret. À moins que... Attends un instant... J'ai retrouvé sur un vieux papyrus égyptien la recette d'une potion « Pour transformer un vieillard en jeune homme ».

— Majesté, vous n'avez rien d'un vieillard ! s'écrie Iras.

— Les marques de l'âge arrivent doucement, tout doucement, assure la reine. Au début on ne les remarque pas et, soudain, il est trop tard. Il n'y a plus rien à faire. J'ai trente-deux ans, l'oublies-tu ?

— Vous avez encore de longues années devant vous, lui rappelle sa servante.

Cléopâtre l'écoute d'une oreille distraite. Elle se lève et cherche fébrilement parmi les rouleaux couverts de notes pour son *Traité sur les cosmétiques*.

— J'ai trouvé, dit enfin la reine ravie de sa découverte. Écoute-moi bien, Charmion. Dans de l'eau, tu mélangeras des graines et des restes de gousses de fenugrec[1]. Tu chaufferas le tout dans un chaudron neuf un bon moment. Tu le retireras du feu et laisseras refroidir cette pâte que tu laveras ensuite au fleuve et sècheras au soleil.

Charmion écoute attentivement la reine. Elle qui ne sait ni lire ni écrire possède une mémoire excellente.

— Tu réduiras en poudre ta pâte séchée avant de la mouiller d'eau et de la remettre au feu. Tu recueilleras les petites nappes d'huile qui apparaîtront peu à peu à la surface. Filtrée avec soin, tu transvaseras cette huile dans un vase de pierre dure et, chaque jour, tu m'enduiras le visage et le cou comme tous les vieux désireux de rajeunir. Attends un instant encore, Charmion, le scribe conclut ainsi : « Remède qui s'est révélé efficace des millions de fois. »

— Majesté, je vous préparerai cette huile merveilleuse à notre retour car, rappelez-vous, nous embarquons ce matin pour Antioche.

— Tu as raison, reconnaît la reine. Je garde mes rides pour le moment, mais n'oublie pas, Charmion.

— Majesté, je n'oublierai rien, promet la servante, cette recette est facile à préparer et jamais vous ne ressemblerez à une vieille femme.

— Tais-toi, ordonne Cléopâtre. Ne me porte pas malheur, seuls les dieux connaissent notre destin !

---

1. Plante herbacée de 60 cm de haut ressemblant au trèfle.

Elle frissonne de peur et tente de chasser de son esprit la vision de sa mort prochaine, le triste pressentiment de mourir jeune. Elle en rêve si souvent qu'elle craint que ce ne soit un message divin.

— Allons, dit la reine en se forçant à sourire. Il est temps d'embarquer. Le consul m'attend et j'espère qu'il s'impatiente.

Après une traversée sur une mer calme et douce, Cléopâtre retrouve enfin Antoine. Il est là sur le port, impatient de la voir, de la serrer dans ses bras, de l'embrasser. Pas un instant, il ne résiste à la belle pharaonne qui oublie aussitôt sa rancœur, mais pas le plan qu'elle a si minutieusement élaboré. Elle est reine avant tout.

En quelques jours, amoureux mais aussi fin politique, le consul accepte toutes ses demandes. Il la couvre de présents et d'honneurs. Mieux encore, il l'épouse selon la coutume égyptienne[1], bien qu'il soit toujours marié à Octavie. Enfin, il reconnaît la princesse Cléopâtre Séléné et le prince Alexandre Hélios comme étant ses enfants. Les jumeaux sont là, devant lui, si beaux qu'Antoine les aime aussitôt. Il retrouve également avec plaisir Césarion, portrait vivant du grand César.

Tel était le plan de Cléopâtre qui, malgré son insis-

1. Le rituel égyptien admet parfois la polygamie qui est absolument interdite à Rome.

tance, n'obtient d'Antoine aucune explication claire justifiant sa longue absence.

— Raisons politiques liées à la situation en Italie, dit-il chaque fois.

Cléopâtre n'insiste pas, trop heureuse de le retrouver.

Au palais d'Antioche perdu parmi les cyprès et les lauriers, la vie est agréable. Jamais l'amour unissant Cléopâtre et Antoine n'a été aussi fort. Jamais leurs rêves n'ont été aussi fous. Ils se voient souverains de tout l'Orient. Elle serait la déesse Aphrodite[1] et lui le dieu Dionysos[2].

Hélas, les Parthes menaçant une fois encore la région et la puissante Rome, le consul se prépare donc à la guerre. Il multiplie les défilés de troupes et les entraînements militaires. Où qu'il aille, Cléopâtre l'accompagne. Audacieuse et courageuse, elle lui offre l'appui militaire et financier dont il a besoin. Voilà longtemps qu'elle ne s'est sentie si joyeuse et pourtant elle s'inquiète.

— Repousser les Parthes sera difficile, ose-t-elle lui dire un soir au cours d'une de leurs promenades dans les jardins du palais.

Antoine ralentit le pas et garde le silence. Il refuse de l'avouer, mais il redoute également cet ennemi

1. Déesse grecque de la Beauté et de l'Amour.
2. Dieu grec de la Végétation et du Vin.

féroce et déterminé. Pourtant, il conserve une confiance absolue en ses légionnaires. Il est sûr de vaincre une fois encore, enfin presque sûr.

Cachés dans les arbres, d'invisibles hiboux poussent des ululements sinistres. Des chauves-souris leur répondent en une série de petits cris aigus lâchés en plein vol. Cléopâtre s'arrête. Elle écoute les oiseaux, scrute le ciel et resserre son himation autour d'elle. Elle a froid.

— Pourquoi t'inquiéter, ma reine ? Qui peut vaincre ton consul ? Personne ! la rassure Antoine en la prenant dans ses bras. Ne suis-je pas le nouvel Alexandre ? Comme lui, je vais conquérir l'Asie pour la plus grande gloire de Rome ! Ah, Rome, Rome !

— Les Parthes sont redoutables, insiste la pharaonne.

— Et mes légionnaires des guerriers extraordinaires. Ne crains rien, dans quelques mois, je te rejoindrai à Alexandrie après une belle victoire.

Une à une, les étoiles disparaissent dans le ciel sombre chargé de nuages. Le vent glacé de l'hiver tourbillonne, se faufile entre les cyprès et les lauriers du jardin où un oiseau solitaire chante tristement.

L'automne et l'hiver passent en longs préparatifs de guerre. Cléopâtre et Antoine mènent une vie fastueuse en leur palais et l'amour qui les unit augmente chaque jour.

La pharaonne à nouveau enceinte déborde d'activité. Elle fait venir de l'or, des vivres, des armes et des soldats depuis l'Égypte. Elle discute des heures avec Antoine et ses généraux. Elle trouve aussi le temps de jouer avec ses enfants ou de se préoccuper de leurs études.

Quand aux premiers jours du printemps[1], l'armée du consul se met en route, elle l'accompagne jusqu'aux rives du fleuve Euphrate. Mais par sagesse, elle fait demi-tour et rentre à Alexandrie où elle désire mettre au monde son quatrième enfant. Le moment des adieux est déchirant. Antoine jure à Cléopâtre de la rejoindre à Alexandrie sitôt la guerre gagnée. La reine a du mal à le croire. Il renouvelle sa promesse si souvent qu'il finit par la convaincre.

Tandis que le consul affronte les armées Parthes, la pharaonne retrouve avec plaisir son royaume. Après le Conseil du Matin dans la Salle des Audiences, elle rejoint ses enfants dans les jardins du palais. Puis, chaque soir, elle laisse Charmion la masser avec l'huile qui rajeunit et se réjouit de voir ses rides s'estomper.

Les jours passent sans qu'aucun messager ne lui apporte de dépêche d'Antoine.

Quand, par une nuit de pleine lune, Cléopâtre met au monde son quatrième enfant, un fils, elle se sent

1. L'an 36 av. J.-C..

bien seule. Elle choisit de l'appeler Ptolémée Philadelphe, un nom digne d'un roi d'Égypte !

« Qu'arrive-t-il à Antoine ? Où est-il ? » se demande-t-elle en berçant son nouveau-né qui ressemble tant à son père.

La reine s'inquiète, patiente, s'impatiente.

Elle harcèle Diomède et exige qu'il envoie d'autres messagers en Asie. Elle attend des nouvelles de son conquérant. Hélas, quand elles arrivent, elles sont catastrophiques ! L'impensable s'est produit. La campagne d'Antoine a tourné au désastre. Devant les Parthes vainqueurs, les Romains ont fui et comptent, dit-on, des milliers de morts. Batailles perdues, épidémies, famines ! Maintenant, Antoine attend des secours sur la côte syrienne avec ses soldats rescapés. Affaibli par cet échec face à Octave, son redoutable rival, le consul hésite quelques jours entre l'appui de Cléopâtre ou celui d'Octavie.

« Qui appeler à l'aide ? » se demande-t-il.

Antoine doit choisir. Il choisit Cléopâtre et lui envoie un message bouleversant.

La reine réagit aussitôt. Elle vole à son secours sur ses navires chargés de vivres, de remèdes et de vêtements. Elle retrouve un Antoine désespéré qu'elle ramène à Alexandrie avec ses derniers soldats valides, malades ou blessés.

13

Triste retour

Sur le navire qui l'emporte vers Alexandrie, Antoine se désespère nuit et jour. Il a honte d'avoir perdu face aux Parthes et souffre d'avoir vu mourir tant de ses légionnaires.

Vaincu, il est vaincu !

Assise près de lui sur le pont du bateau, Cléopâtre tente de l'aider, mais il reste muet, contemplant sans les voir les vagues qui ondulent joyeusement. Il ne remarque pas les dauphins bondissant au loin. Il n'entend ni les cris rauques des mouettes ni les chants des marins. La reine se blottit contre lui.

— Antoine, dit-elle en lui prenant la main. Tu as perdu une bataille, mais, sois en sûr, dans quelques mois les Parthes connaîtront le goût de la défaite. Car tu seras vainqueur !

Le front soucieux et le regard perdu, Antoine s'enferme dans son silence.

— As-tu entendu ce que disent tes hommes ?

— Non.

— Moi si, je suis allée les voir et je peux t'assurer qu'ils te sont toujours dévoués. Ils te respectent, ils t'admirent et sont prêts à se battre pour toi, dès demain si tu l'ordonnes.

Cléopâtre pose sa tête sur l'épaule d'Antoine. Elle glisse son bras sous le sien tandis qu'il sourit tristement, des larmes plein les yeux.

— Que pouvais-je faire pour eux ? Où sont mes erreurs ? Tant de mes soldats morts au combat, de froid, de faim ou de maladie par ma faute.

— Ceux qui vivent se souviennent de ta bonté quand, surmontant ta fatigue, tu allais près des mourants au mépris du danger, insiste la reine.

— Ma défaite m'étouffe.

Antoine prend sa tête dans ses mains, enfonce ses doigts dans les boucles de ses cheveux.

— Oublie cette campagne maudite et pense à l'avenir, lui conseille la reine d'une voix caressante. Le doux climat d'Égypte te rendra la santé et nous y serons bien, comme jadis, entourés de nos enfants.

— Comme jadis ? Tu te trompes, Cléopâtre, prévient Antoine. Jamais nous ne retrouverons notre vie « inimitable ». Jamais.

— Une autre tout aussi agréable nous attend. Du repos, voilà ce qu'il te faut. Tu reprendras confiance et repartiras conquérir l'Orient.

— Ma courageuse petite reine, rien n'ébranle donc ta force ?

— Rien, en effet.

— Peut-être as-tu raison ! reconnaît-il. Cependant, des deux cents bateaux, de l'or, des armes et des vivres que tu me donnas pour combattre les Parthes, tout a disparu.

— C'est sans importance, je t'en donnerai encore. Oublies-tu la richesse de l'Égypte et de sa pharaonne ?

Pour ne pas ajouter à sa peine, Cléopâtre tait ses inquiétudes. Après cette défaite, le plus grand des dangers ne vient pas des Parthes, mais du puissant Octave. Elle sait que sous sa douceur apparente et sa faible santé se cachent une ambition démesurée et une volonté de fer.

Heureusement le port d'Alexandrie est proche. La flotte égyptienne y arrive vite.

Ce matin-là, dans la chambre de son palais, Cléopâtre s'éveille la tête lourde et douloureuse. Elle a trop et mal dormi. Elle jette un coup d'œil par la fenêtre : le soleil est déjà haut dans le ciel et la journée s'annonce caniculaire. Pas un souffle de vent.

Patientes comme toujours, ses servantes attendent pour sa toilette. Au premier regard, elles comprennent que leur reine est souffrante. Charmion choisit aussitôt, parmi les ravissants pots d'albâtre à sa disposition, celui contenant un onguent parfumé à base d'*herbes-qui-combattent-la-douleur*.

— Majesté, rien de mieux contre les migraines, dit-elle. Restez allongée afin que je vous masse les tempes.

— Mes bonnes petites, heureusement que je vous ai. Vous comprenez mes peines et adoucissez ma vie.

Cléopâtre ferme les yeux et laisse agir Charmion aux doigts habiles.

— Vous vous trompez, ma reine, affirme Iras surprise elle-même par son audace, notre présence n'est rien, mais celle du consul vous a rendu le sourire.

— Insolente et… clairvoyante Iras ! s'amuse Cléopâtre. C'est vrai, j'aime quand il est là et notre amour sort renforcé de ces épreuves. Le courage dont il fit preuve ces dernières semaines me pousse à pardonner son humeur sombre et ses caprices… Humm, je me sens déjà mieux. La douleur s'éloigne. Merci, Charmion, ne serais-tu pas un peu magicienne ?

— Majesté, quels bijoux voulez-vous porter aujourd'hui ? demande Iras en ouvrant un coffret d'or ciselé.

— Que diriez-vous de ce chiton très léger, juste ce qu'il faut aujourd'hui ? propose Charmion.

— Il est parfait et ira très bien avec ces boucles d'oreilles, ce collier et ces bracelets, décide Cléopâtre. Mais dépêchez-vous au lieu de jacasser ! On m'attend dans la Salle des Audiences.

14

Jours de triomphe

Quelques mois plus tard, la situation n'a guère changé au palais d'Alexandrie. Malgré la force de son amour pour Cléopâtre qui innove sans cesse pour le distraire, la tristesse d'Antoine ne le quitte pas. Olympus le médecin royal se déclare incompétent. Il a tout essayé : potions, baumes, breuvages réputés… Peine perdue.

En sa 17e année de règne[1], Cléopâtre travaille beaucoup. Elle multiplie les contacts avec les rois des pays voisins, Arménie, Médie ou Judée. Elle leur envoie des messages, leur propose des alliances tout en préparant avec Antoine sa nouvelle campagne militaire

1. Au début de l'an 34 av. J.-C.

contre les Parthes. Elle est certaine que seule une victoire éclatante le guérira. Ainsi encouragé, le consul réorganise ses troupes, dresse des plans et participe à l'entraînement de ses hommes. Il va bien, mais remet sans cesse son départ au lendemain, ce qui navre la reine.

Heureusement, les petits princes et la princesse sont là pour égayer le palais et ses jardins. Quant à l'inventif Jâân, il trouve toujours une nouvelle bêtise à faire. Les jeux, les rires, les bavardages ou les promenades permettent à Cléopâtre d'oublier ses soucis et parfois d'arracher à Antoine un pâle sourire.

Au printemps de cette année-là, la mauvaise humeur du consul disparaît le jour où un messager venu d'Asie lui apporte une nouvelle incroyable : le roi d'Arménie complote contre Rome. Aussitôt, Antoine, à nouveau plein d'énergie, décide de partir punir le rebelle. Quelques jours plus tard, il fonce vers l'Arménie à la tête de ses légions.

En moins d'un mois, le voilà vainqueur !

Il s'est battu comme un lion enragé. Il a tué, pillé, volé, brûlé, pris des centaines de prisonniers et capturé la famille royale arménienne. Il s'est emparé d'un butin impressionnant et a déclaré le pays province romaine. Il a retrouvé son honneur et sa joie de vivre légendaire.

Sur le chemin du retour, il conclut une alliance avec

le roi des Mèdes et rentre à Alexandrie aux premiers jours d'automne.

Au comble de la joie, Cléopâtre retrouve celui qu'elle aime, chaleureux et bavard ! Sur la terrasse aux jasmins, les soirées sont trop courtes pour que le consul puisse lui raconter dans les moindres détails comment il écrasa les rebelles. Et les nuits trop brèves pour leur amour.

Césarion, qui vient de fêter ses treize ans, ne cesse de questionner Antoine sur sa campagne militaire. Il rêve de se battre comme lui. Il veut suivre les traces de son père Jules César et conquérir de vastes territoires. Il s'imagine sur un cheval magnifique à la tête de ses troupes. Excellent cavalier, il sait manier l'épée et sera, se dit-il, un grand pharaon ! D'ailleurs il en porte déjà le titre depuis des années[1] régnant sur l'Égypte avec sa mère selon la tradition. Sans tout comprendre, il écoute émerveillé les discussions entre Antoine et Cléopâtre qui préparent le Triomphe du consul.

— Cette fête est une belle coutume romaine, lui explique Antoine.

— Fouille tes souvenirs, Césarion, conseille la reine, et souviens-toi du Triomphe de César à Rome. Tu étais à mes côtés.

— Comment m'en souvenir, j'étais trop jeune,

1. Depuis la mort de Ptolémée XIV, frère de Cléopâtre, en 44 av. J.-C.

s'excuse le prince. Je revois à peine le visage de mon père.

Cléopâtre sourit, perdue dans ses souvenirs.

— Effectivement, tu n'avais pas encore deux ans, mais tu semblais très intéressé.

— J'ai tout oublié !

— Voyons, mon garçon, grommelle Antoine. Tes maîtres ne t'ont-ils pas appris qu'à Rome le général vainqueur reçoit le titre d'*Imperator* sur le champ de bataille au soir de sa victoire et qu'il la célèbre une seconde fois en un grand défilé ?

— Pas vraiment, avoue Césarion.

Allongée sur le lit de repos, un coussin calé sous la tête, Cléopâtre savoure cet instant de bonheur absolu. Antoine et Césarion à son côté sur la terrasse aux jasmins et, au loin, les rires de ses trois plus jeunes enfants jouant dans les jardins. Le chant des oiseaux, la brise qui souffle de la mer.

— Écoute-moi bien, mon prince, poursuit Antoine, je te résume l'affaire. Le jour du Triomphe tu verras, en tête du cortège, les prisonniers et le butin rapportés des pays conquis, puis le char du vainqueur, le mien donc, et enfin mes légionnaires, car mes victoires sont aussi les leurs.

— Effectivement que serait un général sans soldats ? s'amuse Césarion. Mais pourquoi célébrer ton Triomphe à Alexandrie et non à Rome ?

— Pourquoi ? s'énerve le consul. Pourquoi partir si loin quand la vie est si douce ici ? Et puis, vois-tu…

le royaume d'Égypte est le plus sûr allié de Rome... Alors, ici ou là-bas, je ne vois pas de différence. Un Triomphe reste un Triomphe !

— Assez de discussions pour aujourd'hui. Que diriez-vous d'une promenade le long de la mer ? propose Cléopâtre.

Et sans attendre leur réponse, elle ordonne d'une voix chantante :

— Faisons vite, la nuit est proche.

Déjà, la reine quitte son lit de repos avec une grâce infinie. Elle attrape au passage son himation de soie, le jette sur ses épaules, s'en recouvre la tête. Ses boucles d'oreilles tintent agréablement.

— Venez, insiste-t-elle en leur tendant les mains.

Antoine et Césarion la suivent aussitôt. Nul ne peut résister aux désirs de la reine.

De jour en jour, la tension monte à Alexandrie. La curiosité et l'excitation gagne tous les Alexandrins. Bientôt, les derniers préparatifs s'achèvent : tout est prêt pour le Triomphe du consul.

Par un beau jour d'automne[1], le cortège traverse la ville. En tête, quelques légionnaires avancent à pas lents suivis de nombreux prisonniers dont le roi d'Arménie et toute sa famille, et des chariots où s'entasse un riche butin. Voilà la preuve que le consul a gagné la guerre. Des cris et des rires retentissent

1. En 34 av. J.-C.

dans la foule qui se bouscule sur le parcours. Ivres de joie, les humbles et les puissants, les pauvres et les riches veulent partager la gloire d'Antoine et de Cléopâtre. Ils crient, applaudissent ou hurlent des injures aux prisonniers enchaînés, indifférents à leurs peurs.

Apparaît alors le consul, vêtu de pourpre, le front ceint d'une couronne de laurier, debout sur son char attelé de quatre chevaux blancs. La reine suit, merveilleusement belle, vêtue comme la déesse Isis, assise sur un trône d'or porté par des serviteurs musclés. Le gros des troupes ferme le défilé, marchant au pas avec leurs lances, javelots, épées, boucliers, cuirasses et casques. La foule enthousiaste les acclame.

La fête continue dans l'immense salle du gymnase où se bousculent les Grands de la cour et de nombreux Alexandrins. Ils ont revêtu pour la circonstance leurs plus beaux vêtements, sorti tous leurs bijoux. Les femmes font assaut d'élégance, mais aucune n'égale l'éblouissante reine d'Égypte. Le calme se fait tandis qu'Antoine et Cléopâtre s'assoient sur les trônes d'or dressés sur une estrade d'argent. En contrebas, sur des trônes plus petits, Césarion, Alexandre Hélios, Cléopâtre Séléné et le jeune Ptolémée Philadelphe s'installent à leur tour.

Tous les regardent. L'admiration se lit au fond de leurs yeux.

Le consul se lève et, dans un silence absolu, s'adresse à la foule. Excellent orateur, il parle de ses victoires, en grec afin qu'on le comprenne. Quand, enfin, il proclame Cléopâtre *Reine des Rois,* elle sent son cœur battre plus fort et un frisson de bonheur la parcourir de la tête aux pieds. À trente-cinq ans, la pharaonne savoure sa victoire car le Triomphe d'Antoine est aussi le sien.

De sa belle voix grave, le consul continue.

Maintenant, il nomme Césarion[1] *Roi des Rois* partageant avec sa mère l'Égypte, la Syrie et Chypre. Puis il offre à ses propres enfants de beaux territoires. Son fils aîné, Alexandre Hélios[2] devient roi d'Arménie, de Médie et des terres Parthes à conquérir, car il est sûr de sa prochaine victoire, sûr de prendre sa revanche prochainement. La princesse Cléopâtre Séléné devient reine de Cyrénaïque et de Crète. Quant au cadet, le jeune Ptolémée Philadelphe[3], le voilà roi d'Asie Mineure et autres terres à l'ouest de l'Euphrate.

En quelques minutes, Antoine répartit ainsi les terres d'Orient que le Sénat romain lui a confiées. Bien sûr, tout, absolument tout, demeure sous la tutelle de Rome, sous la tutelle d'Antoine !

Après le discours, vient l'heure des festins. La nuit est tombée sur la ville. On enflamme lampes à huile ou torchères tandis que Romains et Alexandrins partagent les banquets fastueux offerts par la reine et le consul.

---

1. Âgé de treize ans.
2. Âgé de six ans.
3. Âgé de deux ans.

En ville comme au palais, la fête se termine fort tard. Le vin et la bière coulent à flot. Et ce n'est qu'aux premières lueurs de l'aube que Cléopâtre s'endort dans les bras d'Antoine. Jamais ils n'ont été aussi heureux qu'en cet instant.

15

Fureurs romaines

Quelques semaines plus tard, Antoine adresse au Sénat romain un rapport précis sur sa victoire en Arménie, le nombre de prisonniers et l'ampleur de son butin. Il y ajoute un compte rendu détaillé de son Triomphe, dresse la liste des titres donnés à la reine, aux princes et à la princesse. Il demande aux sénateurs d'approuver ses décisions. Ses phrases sont courtes et les mots choisis.

Il signe son long papyrus, le roule, le scelle et appose son cachet. Puis il le confie à un messager, lui souhaite bon voyage et rejoint à grands pas Cléopâtre dans les jardins royaux.

Il est pressé de retrouver la reine qui se repose sous

le kiosque. Elle l'attend tout en observant d'un œil amusé Alexandre Hélios et Cléopâtre Séléné.

Ses jumeaux jouent avec leur chien, un basset court sur pattes, au poil ras couleur sable, qui les suit comme leur ombre depuis des années. Le brave animal se laisse martyriser sans jamais aboyer. Pattes en l'air, il se trémousse sur le sol tandis que le prince le chatouille du bout d'un doigt. Quant à la princesse, elle enroule et déroule les longues oreilles molles du basset et, soudain, l'abandonne pour sautiller après des papillons qu'elle n'attrape jamais. Quelques minutes plus tard, elle revient en trottinant vers son chien qui lui saute aux épaules pour mieux prouver son affection.

Se sentant oublié par sa sœur comme par son chien, Alexandre Hélios se dirige vers le bassin aux lotus à la recherche d'un nouveau jeu.

— Ces enfants ne sont-ils donc jamais fatigués ? demande la reine à Antoine qui la rejoint à l'instant.

Il s'assied près d'elle, se verse une coupe de bière fraîche et l'avale d'un trait.

— Jamais fatigués, en effet. Ils te ressemblent et débordent d'énergie, murmure-t-il en embrassant la reine.

— Vraiment ?

Cléopâtre se réjouit de donner une telle impression. Effectivement, elle est rarement malade, toujours active et énergique.

— Ton messager est-il parti pour Rome ? demande-t-elle.

— À l'instant.

— Ne souhaitais-tu pas l'accompagner ?

— Une journée loin de toi est une journée perdue ! s'exclame Antoine. Les sénateurs seront satisfaits de mon rapport et n'ont pas besoin de me voir. Je compte parmi eux des amis nombreux et fidèles.

— Fort bien, accepte la reine à contrecœur, mais il est dangereux de laisser Octave, là-bas, agir à sa guise. Songe que ta gloire le gêne et qu'il te hait certainement depuis que tu as abandonné sa sœur Octavie. Tu devras rentrer à Rome un jour ou l'autre pour l'affronter.

— Cléopâtre, cesse de penser au pire !

— Je suis reine et dois prévoir l'avenir.

— Alors, que la noble pharaonne oublie les charges du pouvoir et me fasse l'honneur de se promener avec moi, propose le consul. Viens !

Il lui prend la main.

— Allons jusqu'au zoo ou jusqu'à l'immense volière ? Que préfères-tu ? Je ne connais rien de plus agréable que les chants des oiseaux. À moins que tu ne souhaites suivre le rivage pour admirer les pêcheurs lancer leurs filets, debout sur leurs vieilles barques. Nous pouvons aussi contempler le Phare aux marbres éblouissants.

— Arrête de me vanter les plaisirs d'Alexandrie, je te suis, dit Cléopâtre.

Drapée avec élégance dans son himation de lin brodé d'or, la reine quitte le kiosque et s'éloigne au bras du consul.

Tandis que Cléopâtre et Antoine coulent des jours heureux à Alexandrie, les sénateurs romains ont reçu le message du consul. Dans un premier temps, frappés de stupeur, ils ont gardé le silence pour réfléchir et préparer la meilleure des réponses. Mais aujourd'hui, parlant tous ensemble, ils s'étonnent, condamnent ou tentent d'expliquer l'inexplicable. Enfin, ils se calment un peu.

Drapés dans leur toge à large bande pourpre, certains frémissent d'indignation en réalisant qu'Antoine a célébré son Triomphe à Alexandrie. Pire encore, ils l'imaginent assis sur un trône d'or distribuant les territoires d'Orient à la reine d'Égypte et à ses enfants !

Gênés, les nombreux partisans du consul prennent aussitôt sa défense. Ils rappellent sa vaillance, sa dernière victoire sur le roi d'Arménie et sa fidélité à Rome.

Parmi les sénateurs, seul l'ambitieux Octave se réjouit du message. Il rêve de mettre fin à plus d'un siècle de guerres civiles, d'intrigues et de complots à Rome. Il se sent capable d'y parvenir, mais pour cela il doit avoir les coudées franches sur la route du pouvoir.

Voilà le faux-pas qu'il attendait !

Voilà ce qui perdra ses deux rivaux : Antoine, si

populaire parmi les sénateurs et les soldats, et Césarion, fils unique de César qui peut fort bien réclamer l'héritage de son père dans quelques années.

À lui de bien jouer maintenant pour les évincer !

Pour commencer, Octave se rendra chez sa sœur lui annoncer la nouvelle.

Comme d'habitude, le centre de Rome est embouteillé. Une foule turbulente se presse dans les ruelles étroites bordées de hauts immeubles. En quittant le Sénat, Octave doit passer par là pour rejoindre le quartier résidentiel où vit Octavie. Il s'impatiente. Tout semble fait pour le contrarier. Sa litière a bien du mal à se faufiler entre un chariot accidenté et un troupeau qui barre le passage. Elle avance de quelques mètres et s'arrête à nouveau bloqué par un porteur d'eau discutant avec ses clients au milieu de la rue.

Après tous ces désagréments, Octave arrive enfin dans les jardins de la villa d'Octavie. Il frappe à la porte. On lui ouvre aussitôt. Il traverse le vestibule d'un pas rapide et débouche dans une cour ombragée. Des colombes roucoulent dans des lauriers en fleurs. De l'eau fraîche coule dans un bassin de marbre.

— Prévenez votre maîtresse de ma venue, ordonne-t-il aux esclaves.

Surprise par cette visite inattendue en plein après-midi, Octavie accueille son frère avec une certaine inquiétude. Elle n'a pas le temps de le questionner qu'il lui annonce d'une voix nerveuse :

— Antoine a osé célébrer son Triomphe non à Rome, parmi nous, mais à Alexandrie ! Et ça n'est pas tout, figure-toi qu'il a distribué des royaumes à Cléopâtre et à tous ses bâtards. Qu'en penses-tu ?

Ébranlée par la nouvelle, Octavie pâlit. Elle s'assied sur un banc de marbre, mais elle ne répond pas. Elle connaît mieux que personne le caractère de son frère qui déteste être contredit. Elle connaît aussi celui d'Antoine son mari.

— Déjà du temps de César, Cléopâtre rêvait de régner sur Rome, sur l'Orient tout entier, ajoute-t-il. Quel serpent perfide que cette reine ! Quant à Antoine…

Octave au teint si blanc d'habitude vire soudain au rouge. Ses yeux étincellent d'une colère froide. Malgré son léger bégaiement, ses lèvres minces continuent de distiller des paroles haineuses.

— Qu'a donc cette Égyptienne ? Rien, mis à part des philtres magiques et des potions étranges. L'ensorceleuse a d'abord envoûté César. Maintenant, c'est au tour d'Antoine ! Démon ! Traîtresse ! Femme maudite née pour notre malheur ! s'étrangle-t-il. Elle menace la puissante Rome, mais je ne la laisserai pas manigancer plus longtemps… Ah, j'ai mille fois raison de vouloir sa mort ! Le poignard, la noyade ou le poison ? Que me conseilles-tu ?

— Garde ton calme, Octave, et mesure tes paroles, lui recommande Octavie en retrouvant ses forces.

Depuis des mois, la jeune femme surmonte courageusement son chagrin d'épouse abandonnée. Elle élève seule leurs deux filles. Elle sait qu'elle a perdu l'amour d'Antoine[1]. Pourtant elle l'aime toujours. Elle essuie d'un revers de la main les larmes qui coulent sur ses joues.

Tout à sa fureur et à ses calculs politiques, son frère ne remarque ni son chagrin ni ses pleurs.

— Antoine est mon mari, ne l'oublie pas, dit-elle.

— Exact, mais c'est lui qui l'oublie, ma sœur ! N'es-tu pas sa seule épouse ? Ne lui as-tu pas donné deux beaux enfants ? Vois, comme cette Cléopâtre l'éloigne de toi, de sa famille, de sa ville, de son devoir, de Rome !

— La colère est mauvaise conseillère. Viens, il se fait tard, allons manger[2], propose Octavie pour couper court à cette conversation pénible. Mes esclaves ont préparé ton plat préféré.

— Du ragoût au fromage ?

— Précisément et, cette fois, ils n'ont pas oublié les graines de sésame que tu aimes tant.

Quand, tard dans la nuit, Octave quitte sa sœur, il est plus calme. Sur le chemin du retour, il élabore un plan dont il ne soufflera pas un mot à Octavie car elle ne l'approuverait certainement pas.

---

1. Antoine répudiera officiellement Octavie en 32 av. J.-C.
2. La *cena*, dernier repas pris au milieu de l'après-midi.

gauche en [illegible] charme de petite abandonnée. Elle [illegible] entre deux blocs. Elle sait qu'elle [illegible] [illegible] étonnamment [illegible]. Elle [illegible] [illegible] [illegible]

Tout [illegible] [illegible] politiques son [illegible] [illegible] ne son [illegible] ni son [illegible].

[illegible] [illegible] qui [illegible] [illegible] [illegible] pas [illegible] [illegible] comme [illegible] [illegible] [illegible]

La [illegible] [illegible] [illegible] [illegible] [illegible] [illegible] [illegible] [illegible] [illegible]

[illegible] [illegible] [illegible] [illegible] [illegible] [illegible] sur le [illegible] en retour [illegible] [illegible] [illegible] [illegible] [illegible]

roman

16

L'art de la médisance

Désormais, jour après jour, le redoutable Octave multiplie les calomnies contre Cléopâtre la magicienne pour mieux atteindre Antoine. Et il fait preuve d'une grande imagination ! Il sait qu'il n'y a rien de mieux pour perdre quelqu'un que des rumeurs, méchantes et mensongères, qui parcourent la ville, se déformant et s'amplifiant sans cesse.

Octave est un homme patient. Le temps est son meilleur allié. Il attend son heure.

Deux années sont presque passées lorsque, ravi de constater qu'Antoine demeure toujours à Alexandrie, l'ambitieux triumvir Octave passe à l'action à l'automne[1].

Ce matin-là, vêtus de la tunique à large bande pourpre et de la toge, les sénateurs romains se retrouvent sur le Forum. Ils y échangent d'habitude quelques nouvelles, se donnent des conseils avant de discuter des affaires de l'État. Mais aujourd'hui, dans l'aube pâle, ils ont la mine grave. Ils doivent aborder le délicat problème du consul, toujours en Égypte, et prendre une décision.

Ils entrent par petits groupes dans la salle du Sénat et s'assoient sur des bancs, sans places fixes, au hasard de leurs amitiés. Les séances ne sont pas publiques, mais la porte doit rester ouverte.

Avant tout débat, il convient de prendre les auspices pour interroger les dieux. Quelques minutes suffisent aux prêtres pour annoncer que les augures sont bonnes, les dieux sont avec eux. La séance peut commencer.

Le sénateur qui préside les débats lit d'une voix grave l'ordre du jour. Puis, il appelle ses collègues qui, debout à leur place, donnent leur avis l'un après l'autre. Les discussions commencent dans le calme. Bien vite on s'échauffe, on s'énerve, on se coupe la parole.

— Il est temps de déclarer la guerre à cette reine

1. En octobre 32 av. J.-C.

d'Égypte malfaisante ! propose Octave d'une voix énergique.

Il relève la tête fièrement, appuyant ses paroles par un large mouvement de bras. Il guette les moindres réactions des sénateurs de ses yeux clairs et vifs.

— Pourquoi cette guerre puisque Cléopâtre accepte la tutelle de Rome ? s'exclament en chœur les partisans d'Antoine encore nombreux au Sénat.

— Pourquoi ? Oubliez-vous qu'Antoine au jour de son Triomphe lui donna le pouvoir sur de nombreux territoires. Maintenant la reine d'Égypte règne aussi sur la Syrie, sur Chypre, sur…

— Nous savons tout cela !

— Puisque vous le savez, ne l'oubliez pas car Cléopâtre possède un royaume si vaste, si riche, si menaçant…

Un brouhaha réprobateur s'élève parmi les sénateurs qui crient leur désaccord.

— Hurlez si vous voulez, mais j'affirme, poursuit Octave qu'un mensonge de plus n'effraie pas, que cette femme menace notre glorieuse Rome. Nous sommes bel et bien à la merci d'une reine étrangère.

— Voyons, Octave, tu sais bien que la réalité est tout autre ! rappelle un jeune sénateur aux cheveux blonds.

— Cléopâtre, un danger pour Rome ? Laissez-moi rire, ajoute son voisin, un homme petit et rond à barbe blanche. Elle n'est rien sans Antoine le plus noble des Romains.

— Mes amis, l'Antoine que vous connaissiez n'existe plus. Ne voyez-vous pas qu'il n'est plus maître de ses décisions, qu'il est entièrement soumis à cette femme ?

Debout à son banc, Octave les fixe de ses yeux durs et froids. Il se souviendra de ceux qui s'opposent à lui aujourd'hui.

— Ne l'écoutez pas, sénateurs ! s'écrie un autre partisan du consul. Antoine est et demeure Romain, le meilleur d'entre nous ! La tutelle de Rome sur les terres d'Orient est intacte grâce à lui. Il vient même de conquérir l'Arménie ! Quant à Cléopâtre, c'est elle qui est soumise à Antoine, pas l'inverse. Elle dépend de lui, donc de Rome.

— Étrange situation que celle d'Antoine, siffle Octave sans perdre son sang-froid, car en tant que mari de Cléopâtre, s'il n'est pas roi, il est le père de deux jeunes rois et d'une petite reine… Ses propres enfants, paraît-il, mais rien n'est moins sûr !

Octave éclate de rire et poursuit :

— Souvenez-vous, sénateurs, qu'Octavie, la véritable épouse d'Antoine, est ici avec leurs deux fillettes, seule, abandonnée… Voilà l'œuvre de Cléopâtre.

Un frisson parcourt l'assemblée.

— Protégeons Rome et déclarons la guerre à la reine d'Égypte ! conclut-il.

Certains l'applaudissent avec enthousiasme. D'autres hésitent ou hurlent leur fureur. Ils savent qu'en attaquant Cléopâtre, Octave atteint Antoine et ça, ils s'y refusent.

Finalement, après des discussions orageuses et quelques calomnies supplémentaires, les sénateurs votent l'un après l'autre. Les partisans d'Octave sont si nombreux qu'Antoine est démis de toutes ses fonctions et la guerre déclarée à Cléopâtre.

Le Sénat romain en a décidé ainsi.

17

Cauchemars

Tandis que Rome organise sa campagne militaire contre l'Égypte, la vie s'écoule paisiblement au palais d'Alexandrie. Conseils du Matin suivis de promenades dans les jardins ou sur le lac, visites à la Bibliothèque ou au Musée, jeux et bavardages, l'amour qui unit Antoine et Cléopâtre grandit jour après jour au même rythme que la certitude d'une guerre imminente.

Pourtant, lorsque la reine s'éveille ce matin-là, elle se sent oppressée après une nouvelle nuit peuplée de cauchemars. Le visage chiffonné, les paupières gonflées et ses cheveux sombres épars sur les épaules, elle ouvre les yeux. Elle s'assied sur son lit et hésite un instant. Antoine dort encore.

Le soleil se lève à peine.

Malgré l'heure matinale, pieds nus et vêtue de son chiton froissé, Cléopâtre se dirige vers la terrasse aux jasmins. Elle espère y chasser ses terreurs nocturnes. Elle tente de calmer les battements désordonnés de son cœur en respirant un peu d'air frais et cherche la cause de ses inquiétudes.

Ses premières pensées vont à ses enfants. L'un d'eux est-il pris de fièvres ?

Non ! leurs nourrices l'auraient prévenue. Alors ?

— Puisque les rêves sont des messages des dieux, mon royaume est en danger, songe-t-elle.

Accoudée à la balustrade de marbre de sa terrasse, son regard s'attarde sur les jardins royaux, magnifiques comme toujours. La reine aperçoit ses jardiniers qui travaillent déjà. L'un d'eux, le plus agile, grimpe sur le tronc d'un palmier-dattier et y coupe des régimes de dattes mûres à point. Un autre taille d'une main experte un gigantesque jasmin faisant fuir les oiseaux qui y ont caché leur nid. Un troisième balaie les allées soulevant une poussière fine derrière lui.

— Depuis des siècles, la vie s'écoule ainsi, murmure la reine. Mais demain, qu'en sera-t-il de mon beau royaume ?

Sentant ses yeux s'emplir de larmes, Cléopâtre décide de gagner au plus vite la Salle des Audiences. Si mauvaise nouvelle il y a, autant la connaître rapidement pour mieux l'affronter.

Un geste de la main lui avait permis d'ordonner à

ses servantes de ne pas la suivre sur la terrasse, un signe de tête lui suffit pour leur demander de procéder à sa toilette.

— Iras, Charmion, dépêchez-vous, murmure Cléopâtre en entrant dans sa chambre.

La pièce est vide. Antoine s'est levé, pressé d'aller au Gymnase ou de surveiller l'entraînement de ses hommes.

Conscientes de la mauvaise humeur de la reine, Charmion et Iras font de leur mieux. Elles peignent les longs cheveux de leur maîtresse, les remontent en un chignon charmant et y glissent des épingles d'or.

Impatiente, la reine les gronde sans raison.

— Regardez ce que vous faites ! Ne vous ai-je pas demandé de soigner ma coiffure ? Laisserez-vous ces mèches folles ?

Les servantes gardent le silence.

— M'écoutez-vous parfois ? poursuit Cléopâtre. Je crois que non ! Vraiment, vous êtes trop stupides. Et quelle lenteur que la vôtre ! Faites vite, voyons !

— Majesté, un instant encore, ose Iras. Votre diadème... et vous serez prête.

Avec des gestes adroits si souvent effectués, Iras ouvre un coffret d'ébène incrusté d'ivoire. Elle en sort le diadème préféré de la pharaonne, simple bandelette rehaussée d'or se terminant en deux longs rubans flottant sur la nuque. Elle le glisse dans le chignon royal sans oublier d'arranger les mèches rebelles.

— Dépêche-toi, Iras… Et toi, Charmion, qu'attends-tu pour apporter mon himation ! Non pas celui-là, il est trop fin ! Ne sens-tu pas le vent froid de l'automne qui vient du nord ?

Cléopâtre ferme les yeux. Est-ce pour se calmer, pour retenir ses larmes ou pour cacher sa peur ?

Elle entend les bruits familiers qui montent jusqu'à sa chambre et les reconnaît tous. Comme elle aime les cris rauques des mouettes, le pépiement des oiseaux, le murmure de la mer, les bavardages lointains des jardiniers et des sentinelles !

— Préviens Antoine de me rejoindre au plus vite, ordonne-t-elle à Charmion en jetant un coup d'œil rapide dans son miroir.

Puis, rassemblant son courage, elle se lève et dit :

— Il est temps de retrouver mes conseillers.

À peine, la pharaonne est-elle installée sur son trône, que Diomède demande la parole.

— Majesté, dit-il.

Il semble affreusement gêné et garde la tête baissée, cherchant ses mots.

— Je t'écoute ! le presse la reine.

— Majesté, répète-t-il, un messager est arrivé à l'aube… Il vient de Rome…. Le Sénat a déclaré la guerre au royaume d'Égypte.

— Eh bien voilà, c'est fait ! Ils ont osé ! s'exclame Cléopâtre qui comprend à l'instant la raison de ses cauchemars. Octave a obtenu ce qu'il voulait. Fort bien, il sentira ce qu'il en coûte de s'attaquer à mon royaume !

Lorsque la journée s'achève, les premières décisions sont prises : la reine, le consul, leurs conseillers et leurs généraux ont fixé des objectifs et dressé des plans. Déjà des messagers quittent Alexandrie, chargés de dépêches urgentes. L'activité fébrile qui règne au palais depuis le matin a gagné le port. Les navires romains quitteront la ville dans deux jours pour Éphèse[1] où campent les légions fidèles à Antoine. La flotte égyptienne les rejoindra peu après.

Dernière décision prise en ce jour pas comme les autres, Cléopâtre décide de donner en son palais une fête extraordinaire.

Est-ce pour atténuer la douleur du départ ou pour oublier sa terreur de l'avenir ?

Le soir venu, dans la salle des festins illuminée par des dizaines de torches et de lampes à huile, les esclaves ont accroché des rameaux de myrte[2] et de laurier sur les colonnes de marbre. Ils ont installé les lits de banquet, placé des tables basses, préparé la vaisselle d'or et mélangé dans de grands cratères le vin et l'eau.

Grands de la cour d'Égypte et officiers romains, les invités arrivent par petits groupes. Ils admirent au

1. Ville grecque d'Asie Mineure.
2. Arbuste toujours vert.

passage le dallage de marbre et de porphyre[1], les peintures murales, les tapis et les portes décorées d'écailles de tortue rehaussées d'ivoires et de pierres précieuses. Ils songent à la guerre.

— Ce palais magnifique sera-t-il détruit, brûlé ou pillé ? murmurent certains. Et qu'adviendra-t-il de nous ?

Les esclaves apportent nourritures et boissons exquises, mais rien ne parvient à chasser l'inquiétude qui se lit sur les visages des convives. L'ambiance est lourde et les rires forcés.

Antoine et Cléopâtre, divinement belle dans son chiton de soie pourpre brodé de fils d'or, ne se quittent pas des yeux, savourant chaque instant du bonheur d'être ensemble.

1. Marbre rouge ou vert tacheté de blanc.

18

Derniers jours à Alexandrie

La lumière du Phare pâlit. Alexandrie s'éveille tandis que Cléopâtre et Antoine se quittent à regret.

— Je te rejoins à Éphèse dans quelques semaines, promet la reine.

Le vent la décoiffe. Elle n'en est que plus belle.

— Je t'attends déjà, murmure Antoine en la serrant dans ses bras. Les jours sont si longs et si tristes sans toi.

Cléopâtre ne répond pas. Elle regarde au loin la mer immense qui mène à Rome.

— L'ennemi viendra de là, lui dit-elle, mais nous saurons l'accueillir comme il convient. Il fuira ou il mourra.

Antoine lui sourit, l'embrasse une dernière fois et

s'éloigne à grands pas. Il rejoint ses navires qui aussitôt quittent le port toutes voiles dehors.

Sans perdre un instant, Cléopâtre gagne la Salle des Audiences où ses ministres, ses généraux, ses conseillers et ses scribes l'attendent. Elle les interroge, les écoute, dicte quelques messages. Elle veut avant tout compter et réorganiser ses forces : sa garde royale d'Alexandrie, sa police, son armée de cavaliers, fantassins ou archers, sans oublier sa flotte, son meilleur atout militaire. Des milliers d'hommes qui ne doivent manquer ni d'armes ni de nourriture pour bien se battre !

Après des discussions qui durent jusqu'au milieu du jour, la reine quitte son palais pour observer sur le terrain les préparatifs guerriers. Elle veille en personne au bon entraînement de ses hommes : régiments d'Alexandrins d'origine grecque, régiments d'Égyptiens et de mercenaires, ainsi que de nombreux interprètes car ses soldats parlent des langues différentes. Puis, elle va sur le port vérifier le chargement de ses navires.

Cléopâtre est partout, infatigable, vigilante. Elle trouve pour chacun un conseil, un encouragement ou simplement un sourire.

Au milieu de l'après-midi, elle rejoint ses enfants dans les jardins royaux. Elle sait que ces heures passées avec eux sont peut-être les dernières, car une guerre se gagne ou… se perd. Elle ignore combien de temps elle restera loin d'eux. Elle ignore même si elle les reverra un jour.

« La mort rôde déjà, mais qui emportera-t-elle ? se demande-t-elle. Octave et ses amis ? Ou nous... Seuls les dieux le savent. »

Cléopâtre ralentit son pas dans l'allée bordée de bleuets et s'arrête un instant, bien décidée à dissimuler ses soucis à ses enfants dont elle entend déjà les rires. Elle arrange d'une main experte une mèche échappée de son chignon et tente de se composer un visage serein, quand, soudain, elle voit surgir derrière un bosquet d'acacias le basset, ventre à terre et oreilles au vent, suivi de sa petite princesse. Les joues rouges d'avoir tant couru, Cléopâtre Séléné abandonne son chien pour se blottir dans les bras de sa mère.

— Où sont tes frères ? demande la reine après un tendre câlin.

— Près du kiosque, mais que faisais-tu ? On t'attend depuis longtemps. Tu nous avais oubliés ou tu préfères bavarder avec tes soldats ? Oui, c'est ça, tu les préfères vraiment ?

— Tu es bien sotte et bien trop curieuse, ma princesse, viens !

Et toutes deux, main dans la main, s'éloignent dans l'allée aux bleuets.

Une course à la balle avec ses jumeaux, des toupies à faire tourner avec le plus jeune, puis une partie de dames avec son aîné, Cléopâtre a oublié le départ d'Antoine et la guerre prochaine.

— Près de vous, le temps passe vite ! avoue-t-elle à Césarion. Le soleil se couchera avant que notre partie finisse. Tu deviens un adversaire redoutable !

— Hélas non, tu gagnes toujours, regrette le prince. Mais, laissons notre damier et nos pions, je préfère parler un peu avec toi.

Conscient de la gravité de la situation, Césarion presse la reine de questions. Du haut de ses quinze ans, il veut comprendre pourquoi Octave a déclaré la guerre à l'Égypte. Près de lui, ses jeunes frères et sœur ne pensent qu'à jouer.

— Pour le pouvoir, mon fils, lui explique Cléopâtre. À travers nous, c'est Antoine qu'il attaque. Il veut l'abattre.

— S'il abat Antoine, comme tu dis, le Sénat ne désignera-t-il pas d'autres triumvirs pour gouverner avec lui ? s'étonne le prince.

— Pas forcément, souviens-toi qu'ils ont nommé trois triumvirs il y a quelques années. Après la défaite de Lépide vaincu par Octave, déjà lui, les sénateurs ne l'ont pas remplacé.

— Alors si Antoine disparaît, Octave restera le seul triumvir ? en déduit Césarion.

— Exactement, soupire la reine, mais il risque de tout perdre à vouloir trop gagner. Il oublie que la force d'Antoine alliée à la richesse de l'Égypte peut vaincre ses légions. Elles le peuvent et elles le feront !

Césarion pâlit en songeant à la guerre, aux combats qui risquent de lui prendre sa mère, son royaume et peut-être même sa propre vie ? Voyant son trouble, Cléopâtre tente de le rassurer sans y parvenir.

— Ne t'inquiète pas, lui dit-elle, les partisans du consul ont quitté l'Italie et se rassemblent à Éphèse.

— Tu partiras bientôt, toi aussi ? s'inquiète le prince.

— Dans trois jours, avoue-t-elle.

Cléopâtre se lève. Elle caresse doucement les cheveux sombres de son fils. Elle l'embrasse sur le front, le même front haut que son père.

— Je reviendrai victorieuse, Césarion… Venez, les enfants, appelle-t-elle, la nuit tombe. Rentrons.

Au matin du troisième jour, la reine part rejoindre le consul et ses nombreux partisans sur la côte d'Asie.

19

Préparatifs de guerre

Depuis des semaines maintenant, Antoine et Cléopâtre préparent l'inévitable guerre.

La pharaonne pioche dans son Trésor royal. Selon ses ordres, navires, soldats, nourriture, vêtements, armes et munitions arrivent chaque jour à Éphèse sur de lourds vaisseaux de transport. Là, tout est comptabilisé, distribué et rangé dès leur arrivée au port... À pied, à cheval ou en litière, la reine surveille, se renseigne, décide. Elle accompagne Antoine qui organise sa flotte, arme ses légionnaires, participe aux entraînements et reçoit les rois d'Orient ses alliés.

Bientôt, tout est prêt. Une puissante armée navale et terrestre s'impatiente à Éphèse.

Inséparables, Antoine et Cléopâtre gagnent alors Samos[1], pour continuer leurs préparatifs militaires, puis Athènes et enfin Patras[2]. Où qu'ils soient, les journées sont trop courtes pour tout organiser et les nuits trop brèves pour reprendre des forces. Ce n'est qu'au crépuscule, qu'ils se retrouvent seuls pour souper dans la plus belle salle d'un palais.

— As-tu remarqué, Antoine, que certains de tes officiers n'apprécient pas ma présence à tes côtés ? lui confie-t-elle un soir.

Elle fait tourner son bracelet d'or autour de son bras d'un geste nerveux.

— Comprends-les, tu es femme et tu es reine, bougonne Antoine, gêné. Mes hommes sont des soldats… Des républicains.

— Qui détestent la royauté ? Est-ce bien cela ?

Au timbre de sa voix, Antoine sent la fureur de Cléopâtre qui poursuit :

— Donc, si je comprends bien, recevoir l'argent, les navires, les armes et les vivres de la reine d'Égypte ne gêne ni tes officiers, ni toi d'ailleurs. Mais ils rêvent de chasser celle qui leur en fait cadeau.

— C'est un peu ça, bafouille le consul. Mais voyons, tu sais bien que la guerre est une affaire d'hommes !

— Je ne le sais que trop à force de l'entendre…

1. Île grecque de la mer Égée.
2. Villes grecques.

Et ils veulent aussi se battre sur terre, négligeant la puissance de ma flotte, ajoute Cléopâtre.

— Ils sont habitués à combattre, à vaincre ou à mourir ainsi.

Antoine s'interrompt à l'arrivée des servantes qui apportent des lampes à huile enflammées pour dissiper les ombres de la nuit et, sur de larges plateaux, nourritures et boissons. Assise dans un fauteuil de bois précieux, Cléopâtre garde elle aussi le silence, l'air grave. Elle pioche dans un plat un morceau de fromage et un pain croustillant qu'elle grignote à petits coups de dents. Puis, sans un sourire, elle accepte la coupe de vin qu'Antoine lui tend et la vide aussitôt. Elle se lève, fait quelques pas et revient s'asseoir près d'Antoine.

— Laisse tes officiers parler, lui conseille-t-elle d'un ton sec. Ne doivent-ils pas obéir à leur consul ?

— Ils le doivent.

— Que tu es naïf, Antoine ! Certains de tes hommes veulent me voir partir croyant que, si je rentre à Alexandrie, Octave n'aura plus aucune raison de t'attaquer et mènera ses armées en Égypte. Oublie cette bande d'imbéciles et réfléchis ! Octave te vise à travers moi. Il veut te détruire, toi, son rival. Si je pars, il trouvera autre chose pour t'abattre et, l'un après l'autre, nous serions seuls face à lui et à ses légions. Notre union fait notre force !

En cette douce nuit d'automne, la reine tout à sa colère ne prête aucune attention au parfum des fleurs qui monte du jardin. Un hibou solitaire ulule dans les cyprès, agite quelques branches, puis le calme revient. Muet et pensif, Antoine emplit de vin leurs coupes une nouvelle fois. Il en offre une à Cléopâtre et vide la sienne.

— Que les choses soient claires : je ne partirai pas, précise la reine, car mon départ ne changera rien à la haine qu'Octave nourrit à ton égard. Toi, et toi seul, le gênes sur la route du pouvoir.

— Tu as probablement raison, reconnaît le consul.

— Jamais je ne fuirai devant Octave ! prévient Cléopâtre. Et puisque vous me rejetez, toi et tes officiers, je commanderai seule ma flotte[1] depuis le navire royal, l'*Antonia*... Puisse ce nom nous porter chance... puisque c'est le tien ! ajoute-t-elle de sa voix mélodieuse.

Toute trace de colère disparaît soudain.

Ému, Antoine la prend dans ses bras. Il l'embrasse et caresse ses cheveux en chuchotant des mots d'amour.

— Attends, il faut que je te raconte une bien triste histoire, dit-elle en se dégageant.

— Oui ?

— Il y a quelques jours, soupire Cléopâtre, des hirondelles de mer avaient bâti leur nid et pondu leurs œufs sur l'*Antonia* quand, soudain, des oiseaux venus du large les en ont chassés à coups de bec et de pattes.

1. Soixante navires de guerre.

Ils ont tué leurs petits et pris leur place. Cet horrible carnage est, je le crois, un bien mauvais présage. Qu'en penses-tu ?

— C'est un message des dieux clair et… terrifiant, admet Antoine.

Il pâlit soudainement et se lève pour contempler par la fenêtre le ciel sombre de la nuit.

— Alors, sois raisonnable, ma reine, et sauve ta vie, il en est temps encore, lui dit-il. Éloigne-toi au plus vite du champ de bataille.

Loin de la satisfaire, la proposition du consul exaspère Cléopâtre.

— Mais pour qui me prends-tu ? Tu m'imagines fuyant le danger par des chemins pierreux, tournant le dos à l'ennemi ?

— Bien sûr que non.

— Je te rappelle qu'Octave a déclaré la guerre à la reine d'Égypte, pas au triumvir Antoine ! Mais n'aie crainte, consul, je resterai loin de toi sur mes navires attendant l'ennemi et lui faisant face à l'heure du combat.

Cléopâtre se lève et s'éloigne, étincelante de colère.

— Reviens, ma reine, supplie Antoine. Reste, tu as mille fois raison, mais après ma victoire…

— Ce sera notre victoire ! précise-t-elle en se retournant.

— Entendu, après notre victoire, se reprend-il, j'irai seul à Rome fêter mon Triomphe afin de ne pas froisser les sénateurs une seconde fois.

— Nouvelle preuve de ton mépris, consul. Je crois que tout est dit. Restons-en là.

Mais, après des discussions aussi violentes que fréquentes, Antoine et Cléopâtre ne restent jamais fâchés longtemps.

20

Tempêtes et combats

Sur terre comme sur mer, les armées ennemies sont maintenant proches l'une de l'autre le long de la côte ouest de la Grèce. Pourtant l'hiver passe, calme et presque tranquille. Au printemps, les premières escarmouches opposent violemment les deux armées. Mais c'est seulement dans la chaleur de l'été, aux derniers jours d'août de l'an – 31, que la grande bataille commence.

Le consul a transformé en camp retranché le promontoire d'Actium d'où il domine la mer et sa flotte. Son armée compte cent mille fantassins, douze mille cavaliers, les soldats des rois alliés et cinq cents navires dont deux cents égyptiens qui mouillent un peu plus loin. Antoine parcourt ses lignes, exhorte ses soldats à combattre, donne d'ultimes conseils. Comme toujours, il trouve les mots justes pour convaincre ou encourager.

Tout près de là, fort de ses quatre cents vaisseaux, soixante-dix mille fantassins et douze mille cavaliers, Octave prépare, lui aussi, ses troupes au combat. Il tente de persuader ses hommes qu'ils se battent contre Cléopâtre et non contre le consul toujours cher à leur cœur. Pourtant c'est bien Antoine et ses légionnaires qu'ils vont affronter.

— Gardez-vous bien de considérer Antoine comme un Romain, conclut-il la main sur le pommeau de son épée, car il est devenu Égyptien !

Convaincus ou non, les soldats d'Octave doivent obéir.

Pendant quatre jours, une violente tempête empêche tout combat.

Au matin du cinquième jour, le 2 septembre, le vent tombe, les eaux se calment. Vêtu de son armure et de sa cape rouge d'*Imperator*, coiffé de son casque étincelant, le consul parle à ses hommes avant la bataille :

— Soldats, le temps de l'action est venu, dit-il. Les auspices[1] nous sont favorables, les dieux sont avec nous.

1. Signes tirés du vol, du chant ou du comportement des oiseaux qui semblent annoncer l'avenir.

— Pour toi, nous tuerons ! Pour toi nous vaincrons ! hurlent ses légionnaires.

Les flottes ennemies font voile l'une vers l'autre. Bientôt, plus petits et plus maniables, les navires d'Octave encerclent le gros de la flotte d'Antoine qui, malgré l'ardeur au combat de ses hommes, se retrouve rapidement en fâcheuse position. Placés un peu plus loin par le consul, les navires de Cléopâtre ne sont pas encore attaqués.

La mêlée est dense et brutale. Tous les coups sont permis.

Le sang coule au milieu des cris et des gémissements qui se perdent dans un tumulte affreux. Ce ne sont que chocs violents des armes, sonneries de trompettes, hurlements des assaillants et rames brisées. Parfois le bruit sourd des corps tombés à la mer répond aux crépitements des flammes dévorant les voiles, les mâts et les cordages. Des fumées sombres s'élèvent dans le ciel. Des navires en partie brûlés disparaissent dans la mer tandis que d'autres, sitôt pris d'assaut, sont capturés par les soldats d'Octave.

Depuis l'*Antonia*, Cléopâtre comprend vite que la situation de la flotte d'Antoine est désespérée. Elle n'a pas assez de navires pour la secourir et, si elle reste là, ses navires seront coulés, eux aussi, avant la tombée du jour. Sans perdre un instant, elle ordonne à ses hommes de ramer, de déployer les voiles, de se glisser au milieu du combat et de gagner le large.

La manœuvre est délicate, voire dangereuse.

Comprenant ses intentions, l'ennemi attaque la flotte égyptienne. Il les pourchasse un moment, tente de les bloquer, mais la flotte de la reine parvient à se dégager et file vers le sud.

Tout à coup, en pleine bataille, quelques officiers romains et rois alliés décident de trahir le consul et passent avec leurs hommes dans le camp d'Octave.

Antoine sait alors qu'il a perdu !

Apercevant les navires égyptiens qui gagnent le large, il décide de les suivre. Sans hésiter, il monte dans un bateau et ordonne à ses matelots de rattraper l'*Antonia* coûte que coûte. Ses soldats se battent toujours.

Sur le pont de son navire, Cléopâtre regarde s'éloigner les côtes grecques. Tous ses rêves disparaissent avec la flotte d'Antoine dans la mer et les flammes. Il y a peu de chances que le consul réussisse à redresser la situation… Peut-être est-il mort ? Non, la bataille n'est pas finie.

Le visage dur et crispé, elle reste ainsi, immobile, effondrée. Elle songe un instant aux hirondelles de mer massacrées par des oiseaux venus du large. Le couple d'hirondelles, c'était eux, Antoine et Cléopâtre. Les dieux l'avaient donc prévenue.

La reine pleure, sans bruit.

Soudain, elle aperçoit le navire du consul qui fuit la bataille. Elle n'en croit pas ses yeux, le voilà qui se hisse à son bord ! Elle se lève aussitôt et court se réfugier dans sa cabine refusant de l'entendre.

— Pourquoi n'a-t-il pas écouté mes conseils et placé mes navires au cœur du combat ? regrette-t-elle. Pourquoi quitte-t-il maintenant la bataille ?

Antoine insiste pour la voir, Cléopâtre garde sa porte close. Alors, désespéré, attendant le bon vouloir de la pharaonne, il s'assied sur le pont à la proue du navire. Il reste prostré, la tête entre les mains. Colère, douleur, honte, regrets, il est trop tard.

Les voiles claquent, les vagues se creusent et heurtent violemment les coques des navires. La flotte égyptienne vogue vers Alexandrie dans la chaleur de l'été.

Les heures passent avec lenteur.

Malheureuse, recluse dans sa cabine où elle cache son chagrin et sa rage, Cléopâtre frissonne malgré la chaleur. Elle est si pâle. Dès qu'elle quitte son lit, elle vacille. Une fois encore, attentive à ses moindres besoins, Iras court vers elle pour l'envelopper d'une étoffe fine.

— Majesté, allongez-vous encore un peu, conseille Charmion. C'est juste trop de fatigue et d'émotions.

Cléopâtre obéit. Elle ferme les yeux un instant et imagine Antoine sur le pont contemplant la mer sans la voir. Elle sait qu'il pense à elle, comme elle pense à lui. Malgré tous ses efforts, elle ne peut s'en empêcher.

— Ma reine, ose Charmion, voilà trois jours et trois

nuits que le consul reste immobile, sans manger et sans boire.

— Tais-toi ! ordonne Cléopâtre. Contente-toi de me recoiffer.

Elle se lève brutalement, laissant tomber à ses pieds l'étoffe fine.

— Je vous en prie, ayez pitié de lui, ajoute Iras.

— Ah, toi aussi tu t'y mets ? Ne voyez-vous pas, petites sottes, que j'ai d'autres soucis, plus graves ? Je prépare la suite de la guerre, car Octave ne s'arrêtera pas là. Croyez-moi.

— Majesté, recevez le consul juste quelques instants, pour souper.

— Qu'il disparaisse de ma vie !

Mais, dans le cœur de Cléopâtre, s'éveillent en cet instant de vieux souvenirs et la douceur de son amour. Elle saisit son miroir de bronze et d'or, y jette un rapide coup d'œil et rejoint Antoine à la proue du navire.

À peine le consul a-t-il entendu ses pas et senti son parfum qu'il lève la tête. Elle est là, enfin ! Il se jette à ses genoux, lui baise les mains et implore son pardon.

En quelques instants les mots cruels échangés avant la bataille, les horreurs de la défaite, tout est oublié.

21

Réagir ou mourir

Voiles gonflées par les vents brûlants, debout à l'avant de l'*Antonia*, Cléopâtre s'impatiente, pressée d'apercevoir la côte égyptienne basse, sableuse et piquetée de palmiers. Dans les brumes de chaleur de l'aube, elle admire le bleu léger du ciel qui s'unit à la couleur des flots. Elle songe à Antoine qui dort encore, à ses enfants qu'elle retrouvera bientôt au palais, heureuse de les revoir.

Quelques heures plus tard, la flotte de la reine arrive enfin.

Le consul à son côté, Cléopâtre dévore des yeux le rivage. Elle respire à pleins poumons les parfums si caractéristiques de son royaume, qu'elle retrouve, comme à chaque fois, avec un bonheur immense. Elle s'en imprègne tandis que le vent de la mer lui fouette le visage et joue dans ses cheveux.

Bientôt, l'*Antonia* s'immobilise juste le temps pour Antoine de monter sur une barque. D'un geste de la main et d'un sourire, la reine le salue. Elle l'a convaincu de débarquer avant elle, préférant rentrer seule à Alexandrie après un tel revers militaire.

Obéissant à regret, le consul s'éloigne avec une petite escorte. Il rejoint une minuscule garnison romaine sur la côte égyptienne où il espère attendre des renforts, préparer une contre-attaque et battre Octave… Quelques jours lui suffisent pour comprendre que tout est perdu. Alors, il s'y enferme pour tenter d'oublier son malheur.

Pendant ce temps, Cléopâtre fait une entrée triomphale dans le Grand-Port d'Alexandrie. Elle n'a perdu qu'une bataille et Octave est encore loin. Mieux encore, elle a sauvé sa flotte, nombre de ses marins et de ses soldats !

Acclamations de la foule, musiques et guirlandes de fleurs l'accueillent sur les quais et l'accompagnent jusqu'aux portes de son palais. Sans attendre, la reine gagne la Salle des Audiences où, prévenus de son retour, ministres, conseillers et scribes l'attendent patiemment.

— L'Égypte n'est pas vaincue, leur affirme-t-elle à

peine installée sur son trône. Préparons-nous à de nouveaux combats et gagnons-les.

— Croyez-vous, Majesté, que les armées d'Octave vous aient suivie jusqu'ici ? s'inquiète Diomède.

— Non, il ira d'abord à Rome affermir son pouvoir et célébrer son Triomphe.

Rome. Cléopâtre songe un instant aux belles journées passées avec César et le jeune Césarion en sa villa romaine, jours de bonheur perdus.

— Comme le monde a changé depuis sa mort, murmure-t-elle.

— Pardon, Majesté ?

La reine se reprend.

— Après avoir fêté sa victoire, Octave lèvera une nouvelle armée pour attaquer l'Égypte et la conquérir, dit-elle. Nous n'avons que quelques mois pour nous préparer à sa… visite.

Poings serrés sur les accoudoirs d'or de son trône, Cléopâtre leur sourit.

Tant d'énergie et de courage poussent, une fois de plus, les conseillers royaux à se surpasser pour leur pharaonne et leur royaume. Avec elle, jamais de repos, jamais d'objections non plus.

— Majesté, après la défaite que nous venons de subir à Actium, avons-nous encore quelques alliés ? ose demander l'un d'eux.

— Je déteste ce mot de « défaite », le reprend sèchement Cléopâtre. Ne le prononce plus jamais en ma présence ! Es-tu aveugle ? N'as-tu pas vu la flotte d'Égypte mouiller dans le Grand-Port ?

— Certes, ma reine… Je l'ai vue… Je voulais justement dire que… nos pertes sont légères.

— Voilà qui est mieux, se réjouit Cléopâtre. Et nous allons agir.

Elle sait parfaitement que la bataille d'Actium a définitivement brisé son rêve d'empire d'Orient, un rêve si doux si grand partagé avec Antoine. Elle s'arrête un instant comme pour mieux préparer ses ministres et conseillers à une importante nouvelle. Elle les dévisage, se raidit sur son trône, se penche légèrement en avant et dit :

— J'ai bien réfléchi : il faut faire passer le plus grand nombre possible de navires de guerre d'une mer à l'autre[1] !

Stupéfaits, ministres et conseillers la dévisagent. Certains se demandent quelle folie pousse leur reine à parler ainsi ou lui jettent des regards apeurés. D'autres se réjouissent de tant de courage et d'astuce.

— C'est le seul moyen d'échapper aux attaques de la flotte romaine, poursuit Cléopâtre en martelant de la main ses accoudoirs d'or. Et aussi, si les choses tournent mal, ajoute-t-elle plus bas, de se réfugier sur des terres d'Orient plus accueillantes. S'enfuir pour mieux revenir.

1. De la mer Méditerranée à la mer Rouge.

— Passer tous nos bateaux d'une mer à l'autre ! s'exclame un conseiller. Majesté, vous n'y songez pas.

— Que dis-tu ? s'écrie la pharaonne les yeux étincelants de colère. Souviens-toi des statues colossales, des sphinx gigantesques et des obélisques de pierre que mon peuple transporte depuis des siècles. Moi, je ne te parle que de quelques navires et tu penses avant même d'essayer que c'est impossible ! Mes chers conseillers, prenez le nombre d'hommes qui convient. Tirez, poussez, portez-les au-dessus de cet isthme[1] qui unit l'Asie à l'Afrique, une malheureuse petite bande de terre d'environ trois cents stades[2].

— Majesté, vous serez obéie.

— Quand ma flotte sera sur la mer orientale, qu'elle longe la côte égyptienne vers le Sud, et attende mes ordres... Ah, n'oubliez pas, il faut qu'une partie de mon Trésor et de mon armée soit du voyage.

— Noble reine, vous pensez donc vous établir en Orient en cas de malheur ?

— N'ayez crainte, là-bas, je préparerai mon retour, car je suis et serai toujours reine d'Égypte, votre souveraine.

— Majesté, votre sagesse et votre prévoyance sont dignes des plus grands pharaons.

Cléopâtre sourit en entendant le compliment qui, en ces temps difficiles, lui réchauffe le cœur.

---

1. Étroite bande de terre entre deux mers.
2. Environ 57 km.

— Notez, scribes, ajoute-t-elle de sa voix éternellement mélodieuse, quelques messages pour les rois d'Orient. Leur alliance me sera précieuse contre Octave.

Après avoir reçu les instructions de la pharaonne, ministres et conseillers quittent la Salle des Audiences. Les messagers sortent déjà d'Alexandrie. Chacun sait ce qu'il doit faire. Quant à la reine, elle court retrouver ses enfants qu'elle n'a pas vus depuis des mois !

Depuis des jours et des jours, la ville résonne de préparatifs militaires, Cléopâtre veut constater par elle-même où en est la construction de son tombeau. Elle a ordonné de le bâtir près du temple d'Isis. Les meilleurs artisans de la ville y travaillent depuis des mois.

La reine est satisfaite.

C'est assurément le plus beau mausolée[1] d'Alexandrie avec sa tour carrée d'une hauteur exceptionnelle percée de deux fenêtres.

Quelque temps après, les travaux de son tombeau ne sont pas encore achevés que la reine y fait porter une partie du Trésor royal : or, argent, émeraudes, perles, ébène, ivoire, bijoux et meubles en bois précieux ainsi que des torches et de l'étoupe[2] pour tout brûler, au cas où l'ennemi chercherait à s'en emparer.

---

1. Un tombeau magnifique.
2. Partie grossière de lin brut facilement inflammable.

22

La dernière bataille

Quelques semaines plus tard, l'arrivée d'Antoine à Alexandrie contrarie Cléopâtre. Non seulement le consul reste inerte et indifférent, attendant la suite des combats sans s'y préparer, mais il critique certaines de ses décisions.

Ce jour-là, après une longue matinée de travail dans la Salle des Audiences, la reine se repose sur la terrasse aux jasmins quand Antoine la rejoint, le pas traînant et l'œil mauvais.

— Tu as tort d'envoyer des messages aux rois d'Orient, lui reproche-t-il aussitôt.

— Pourquoi donc ? soupire la reine.

Elle le dévisage un instant tout en arrachant des grains de raisin à la grappe dorée qu'Iras vient de lui apporter. Elle les croque l'un après l'autre et s'attend à d'autres critiques.

— Tu augmentes la fureur de Rome en complotant contre elle ! continue-t-il.

— Antoine, je te rappelle que Rome est déjà au comble de la fureur puisqu'elle m'a déclaré la guerre. Que peut-il m'arriver de pire ?

La reine se blottit au fond de son fauteuil pour rajuster sa ceinture brodée de fils d'or et faire blouser le haut de son chiton par une série de petits gestes nerveux. Elle en a assez de ces discussions orageuses qui ne mènent à rien. Elle voudrait un peu de paix, au moins en son palais.

— Octave est infiniment plus puissant que toi ! ajoute le consul.

— Probablement, mais voilà des semaines que tu ne fais rien, en tout cas rien pour lutter contre lui. Tu manges, tu bois... et tu multiplies les remarques désagréables à mon égard.

— Cléopâtre, ma situation est difficile, n'oublie pas que je suis Romain, comme Octave... mon beau-frère !

— Goûte donc ces raisins et cessons de nous disputer, propose la reine. Je vais perdre la guerre. Je le sais aussi bien que toi et j'y pense sans cesse. Je lutte juste pour arracher à Octave des conditions acceptables pour mon royaume, pour mes enfants, pour toi, pour moi, pour nous.

L'expression du visage de Cléopâtre se modifie

brusquement. Il n'y a plus dans ses yeux trace de colère. Elle enveloppe son consul d'un regard chargé de tendresse et s'approche de lui pour murmurer à son oreille les mots qui tranquillisent et qui consolent.

— Mon dernier bonheur est de passer le reste de mes jours et de mes nuits près de toi et de mes enfants, conclut-elle. Vivons, attendons la mort, main dans la main, et, si elle doit venir, elle viendra... Mais, tout n'est pas perdu et je garde au fond du cœur une lueur d'espoir.

Loin de là, à Rome, Octave savoure encore sa victoire d'Actium. Il veut en finir avec Antoine et Cléopâtre. En quelques semaines, il organise sa prochaine campagne militaire et rassemble une armée immense. Il attend la fin de l'hiver[1] et, aux premiers jours du printemps[2], se dirige vers l'Égypte.

Octave passe par la Syrie, rappelant par la force aux rois orientaux qu'il est préférable de ne pas se rebeller contre lui. Puis, en échange d'une belle somme d'argent, il demande aux habitants de Pétra[3] de brûler la flotte égyptienne en mer Rouge.

L'armée d'Octave avance maintenant à marche forcée.

1. Jamais de campagne militaire en hiver.
2. En 30 av. J.-C.
3. Ville de l'Arabie ancienne, aujourd'hui en Jordanie, capitale du puissant royaume des Nabatéens.

Apprenant son arrivée prochaine, Cléopâtre décide de protéger Césarion en l'éloignant d'Alexandrie. Une séparation douloureuse, mais nécessaire et urgente. Elle profite d'une promenade dans les jardins royaux pour lui en parler.

— Mon fils, lui dit-elle alors qu'ils longent le bassin aux lotus. Tu es l'unique enfant de César et, à ce titre, tu gênes Octave dans sa conquête du pouvoir absolu.

La peur apparaît aussitôt dans les yeux de Césarion devenu un bel adolescent. Le prince observe un oiseau qui sautille sur l'allée avant de disparaître dans un acacia. Il envie son insouciance

— Voilà pourquoi tu dois quitter la ville dès demain, poursuit la reine en tentant de cacher son chagrin. Ton précepteur Rhodon, un homme qui a toute ma confiance, et des gardes bien armés t'accompagneront.

— La situation est donc si grave ? demande Césarion après un long silence.

Il redoutait cette nouvelle depuis des jours. Le visage grave et le regard fier, il tente désespérément de rester digne malgré la panique qui le glace.

— Tu descendras le Nil jusqu'à Coptos, lui explique la reine très émue. Puis tu suivras la piste du désert de l'Est jusqu'au port de Bérénice sur la mer Rouge. De là, si la guerre tourne mal, tu embarqueras vers l'Orient. Tu y découvriras des terres merveilleuses où les légions romaines ne sévissent pas !

Césarion pousse un soupir et saisit les mains de sa

mère qui se tendent vers les siennes. Il les embrasse avec respect, avec tendresse, puis s'éloigne. À quelques mètres de là, au bord du bassin, il cueille d'une main tremblante une fleur de lotus et revient la glisser dans les cheveux de Cléopâtre. Se forçant à sourire, il lui promet courageusement :

— Je t'offrirai des fleurs, plus belles que celle-là, dès mon retour à Alexandrie.

Césarion part le lendemain à l'aube.

Depuis, exigeant d'être seule, Cléopâtre se réfugie de plus en plus souvent sur la terrasse aux jasmins pour plonger avec délices dans ses souvenirs. Elle revoit le visage aux traits fins de Césarion, l'éclat de ses yeux et la chaleur de son sourire. Comme il lui manque ! Heureusement, elle sait par ses messagers qu'il va bien.

Parfois, les rires qui montent du jardin la tirent de ses sombres pensées. Elle se penche alors par-dessus la balustrade de marbre blanc et aperçoit Alexandre Hélios, Cléopâtre Séléné ou Ptolémée Philadelphe pourchassant un chat ou un singe plus agile qu'eux. Elle court les rejoindre et oublie, pour un temps, sa tristesse.

Aux premiers jours de l'été, les armées d'Octave encerclent Alexandrie. Elles bloquent les portes de la cité et l'accès au port. Le feu qui illumine le sommet du Phare brûle désormais pour rien. Plus aucun navire à guider. Les pêcheurs aux barques inutiles restent assis sur les quais à pêcher à la ligne.

Un long siège commence. Les jours passent monotones et angoissants dans la chaleur torride de l'été égyptien. Pas un souffle de vent. Plus d'espoir.

La peur règne sur la ville qui redoute la brutalité des assauts et l'issue de la bataille.

Face au danger, Antoine retrouve soudain toute son énergie. Il ne craint pas la mort au combat, une mort digne d'un Romain. Il préfère se battre contre Octave qu'endurer les malheurs d'une ville assiégée. Il demande et obtient de la reine le commandement des troupes d'Alexandrie.

Il organise la défense de la ville, place des sentinelles aux meilleurs endroits, prépare armes et munitions. Indifférent à la canicule qui s'abat sur le pays, les cheveux collés par la sueur, Antoine observe pendant des heures les légions d'Octave depuis les hautes murailles.

« Nous avons encore trois atouts, songe-t-il. Une cité puissamment fortifiée, des navires de guerre au port et des soldats bien nourris prêts à se battre. »

Puis, il évalue la force de l'adversaire : un ennemi aussi nombreux que redoutable !

Aussi, décide-t-il d'écrire à Octave pour lui proposer un marché. Dans sa lettre, il s'engage à vivre le reste de ses jours comme simple citoyen, en Égypte ou en Grèce, s'il accepte de sauver Cléopâtre !

Octave ne répond pas à sa lettre.

De son côté, la pharaonne écrit également à l'implacable Romain, joignant au message son diadème et son sceptre en signe de soumission.

La réponse d'Octave est aussi rapide qu'effroyable : il lui demande d'abdiquer et de faire exécuter Antoine sans délai.

Cléopâtre refuse.

Le siège d'Alexandrie continue.

Jour après jour, l'infatigable Antoine améliore le système de défense de la cité. Il encourage les uns, écoute les autres tout en surveillant les forces ennemies.

— Regarde, dit-il un matin à Cléopâtre qui l'accompagne souvent dans ses tournées d'inspection, les soldats d'Octave sont visiblement dans un état de fatigue extrême. C'est bon pour nous !

— Par chance, Octave ne les a pas ménagés : marches forcées depuis Rome et combats en Syrie, ajoute-t-elle, sans oublier la canicule de l'été égyptien à laquelle ses hommes ne sont pas habitués.

— Et puis Octave n'a jamais su parler à ses légionnaires, ricane le consul. Rien de chaleureux en lui, c'est un vrai bloc de glace… Nous pourrions en profiter et tenter une sortie !

La reine l'approuve. Alors, revêtu de sa cuirasse et l'épée à la main, Antoine passe à l'attaque. Sa cavalerie fonce avec tant de courage qu'elle met en fuite les cavaliers d'Octave.

Cette première victoire redonne espoir aux assiégés et met Octave dans une rage folle.

Quelques jours plus tard, à l'aube du 31 juillet[1], Antoine réattaque. Sa flotte d'un côté, ses fantassins et ses cavaliers de l'autre, il compte surprendre l'ennemi, briser l'encerclement, vaincre.

Il a tout prévu.

Hélas, Antoine ignore qu'Octave a offert de fortes sommes d'argent accompagnées de promesses de vie sauve et d'honneurs à l'amiral de sa flotte et au chef de sa cavalerie. Il constate, mais trop tard, que seule son infanterie lui obéit. Après des combats furieux, il ordonne à ses soldats de refluer vers Alexandrie, maudissant les traîtres, Octave, le monde entier.

L'échec est total et les pertes lourdes !

Antoine est étrangement pâle et ses lèvres tremblent de colère lorsqu'il retrouve Cléopâtre sur la terrasse aux jasmins. Il la prend dans ses bras avec une tendresse infinie. Et ils restent ainsi, blottis l'un contre l'autre, dans la chaleur de l'été.

Échange de baisers mouillés de larmes, Antoine la serre plus fort encore, l'assure de son amour. Cléopâtre jure de l'aimer toujours. Elle baisse la tête, soupire. Elle sait maintenant que tout est perdu : elle doit gagner un abri sûr avant la prise de la ville par Octave.

— Il est temps, murmure-t-elle.

---

1. En 30 av. J.-C.

Après s'être arrachée à la douceur des bras d'Antoine, la reine court embrasser ses princes et sa princesse une dernière fois. Elle les confie à leurs nourrices, à Diomède, à Olympus et à des gardes sûrs. Puis, certaine qu'ils ne risquent rien en de si bonnes mains, elle les laisse au palais.

La nuit est tombée quand Cléopâtre s'éloigne dans l'ombre des jardins royaux. Elle se hâte vers son mausolée avec Iras, laissant à Charmion le soin de préparer ses dernières affaires et de les rejoindre au plus vite. Déjà la pharaonne y entre, le cœur battant.

— Verrouille bien les portes, lui ordonne-t-elle.

23

Les adieux d'Antoine

Dans le palais d'Alexandrie, la fureur d'Antoine ne faiblit pas. Voilà des heures qu'il attend l'entrée d'Octave dans la ville et l'ennemi ne bouge pas sans qu'il comprenne pourquoi. Depuis la pointe du jour, il fait les cent pas sur la terrasse aux jasmins, s'assied un instant pour se relever aussitôt. Il regrette l'absence de Cléopâtre, s'inquiète pour elle puis se rassure en la sachant à l'abri dans son mausolée. Il laisse passer le temps regardant sans les voir, droit devant lui, les arbres du jardin et, plus loin, le miroitement tranquille de la mer indifférente à son malheur. Puis il reprend son va-et-vient en maudissant le sort à mi-voix. Soudain, un de ses officiers le rejoint en courant.

— Que veux-tu ? rugit le consul.

— J'ai rencontré Charmion dans les jardins royaux.

— Et alors, la belle affaire !

— Elle rejoignait Sa Majesté Cléopâtre dans son mausolée. Et elle pleurait à chaudes larmes en me confiant que la reine y allait pour mourir. Elle ne m'a rien dit de plus car elle était pressée de la rejoindre, mais… je ne sais pas… vu ses larmes… la reine est peut-être déjà morte !

— Morte ? hurle Antoine.

De l'annonce de son officier, il ne retient qu'un seul mot : morte ! Il ne prête aucune attention au « je ne sais pas » et au « peut-être ». Il imagine Cléopâtre allongée, froide et figée, éclatante de beauté, divine. Il recule de quelques pas, titubant sous la violence du choc. Il heurte un mur et reste collé à la pierre froide, le visage livide et les yeux hagards. Il n'entend ni la rumeur du palais, ni les chants des oiseaux, ni le bruit lointain de la mer, ni les voix des sentinelles dans les jardins royaux. Il renverse la tête en arrière et ferme les paupières un instant.

— Qu'attends-tu ? se reproche le consul paralysé par l'horreur de la nouvelle. La mort vient d'emporter ta reine, ton unique raison de vivre, et tu restes ainsi à te désespérer.

Sans un regard pour son officier, il entre dans sa chambre, claque la porte et délace sa cuirasse.

— Cléopâtre, je te rejoins à l'instant ! murmure-t-il. Mourir ne m'effraie pas, vois-tu, mais ce qui m'accable c'est que tu as montré plus de courage qu'un général romain !

Antoine sort son épée du fourreau. Il la brandit au-dessus de sa tête, la regarde et hésite.

— Éros, viens ! hurle-t-il.

Vêtu d'une tunique courte serrée à la taille, un jeune homme au teint sombre accourt aussitôt.

— Il est temps de tenir ton ancienne promesse, Éros. T'en souviens-tu ?

— Mon maître, j'ai bonne mémoire : vous tuer si vous me le demandez, répond le fidèle esclave.

— La reine est morte… J'ai tout perdu en la perdant alors… prends mon épée et… ôte-moi la vie.

Éros ne répond pas. Il ne peut désobéir. Pourtant il refuse de tout son être d'agir ainsi. Comment pourrait-il assassiner le meilleur des maîtres, le plus glorieux des Romains ? Quelques secondes lui suffisent pour savoir ce qu'il doit faire. D'une main ferme, Éros saisit l'arme encore rouge du sang de la bataille que lui tend le consul. Il la lève. D'un geste rapide, il s'en transperce le cœur et meurt sans un cri, sans une plainte, aux pieds du consul.

— Qu'as-tu fait ? s'écrie Antoine en regardant le jeune homme allongé sur le sol, son visage tourné vers le ciel, les yeux grands ouverts.

— À moi d'agir maintenant avec autant de courage ! ajoute-t-il.

Il arrache l'épée de la poitrine d'Éros, en pose la pointe acérée sur son propre torse et l'y enfonce profondément. Méprisant la douleur qui lui arrache malgré lui des gémissements, il n'arrête pas son geste. Les mains rouges de son sang, Antoine appuie plus fort encore sur la lame. Il tombe à genoux avant de s'effondrer lourdement sur le sol. Alors, songeant à Cléopâtre, il ferme les yeux pour attendre la mort.

Alertés par des bruits étranges, ses serviteurs entrent dans sa chambre.

— Égorgez-moi que je retrouve ma reine au plus vite ! leur ordonne le blessé allongé dans une flaque de sang.

Au lieu d'obéir, ils l'étendent sur le lit de bois sombre et, d'un coup sec, ôtent l'épée de son corps. Puis, tandis que l'un d'eux tente d'arrêter le sang qui coule de la blessure, son compagnon court au mausolée prévenir la reine du suicide d'Antoine.

Jamais il n'a couru si vite. Quelques minutes lui suffisent pour arriver devant le tombeau royal. Il appelle. La porte reste close, mais Cléopâtre apparaît à sa fenêtre.

— Majesté, crie-t-il, le consul se meurt, une épée lui a transpercé le ventre !

— Où est-il ? demande la reine.

Elle vacille un instant, se retient au rebord de la fenêtre. Elle sent ses jambes faiblir, ses forces l'abandonner et une douleur effroyable lui broyer le cœur.

— Au palais, répond l'homme en reprenant son souffle.

— Va chercher le consul et porte-le ici, ordonne Cléopâtre.

Le messager repart aussitôt. Insensible à la chaleur de l'été, il court toujours soulevant au passage une poussière épaisse. Dérangé dans sa sieste, un chien se redresse et aboie furieusement avant de s'effondrer à nouveau sur le sol à l'ombre d'un figuier. Il grogne et se rendort.

— Mon maître, Sa Majesté Cléopâtre désire vous voir, dit le serviteur dès son arrivée dans la chambre d'Antoine.

— Comment, la reine vit toujours ? murmure le blessé. On m'avait dit… qu'elle… était morte.

Allongé sur son lit, il perd toujours beaucoup de sang et respire avec peine. Il tente de s'asseoir sans y parvenir.

— Elle est vivante, mon maître, répète l'homme. Je l'ai vue à la fenêtre du mausolée. Elle demande à vous voir. Cependant, elle ne peut quitter son refuge, ni même ouvrir sa porte de peur d'être arrêtée.

— Je sais cela… Vite… menez-moi à elle, supplie Antoine. Il me reste… si peu de temps à vivre.

Ses lèvres esquissent l'ombre d'un sourire.

Quelques minutes suffisent pour transporter le blessé jusqu'au tombeau de Cléopâtre sur un brancard de fortune. Malgré sa douleur, Antoine contemple au passage les arbres et les fleurs des jardins royaux une dernière fois. Il songe aux promenades qu'il y fit avec sa reine, aux jeux qu'il partagea avec leurs enfants et se réjouit d'avoir connu tant de bonheur. Mais déjà, il entend sa voix, la plus douce de toutes.

— Attrapez les cordes que je vous lance et entourez solidement le consul, ordonne la pharaonne.

À demi évanoui, surmontant sa douleur, Antoine tend les bras vers elle, les yeux fixés vers celle qu'il aime. Il sourit, il l'appelle tandis que ses hommes l'emprisonnent dans un solide réseau de cordes. Sitôt le blessé ficelé, Cléopâtre, Iras et Charmion le hissent dans les airs. Elles tirent, tirent. Enfin, à bout de forces, elles le glissent par la fenêtre et le portent sur le lit royal.

Indifférente à la chaleur qui renforce l'odeur écœurante de la blessure, Cléopâtre s'agenouille près d'Antoine couvert de sang. Elle l'embrasse, le caresse.

— On m'avait annoncé ta mort…, bafouille-t-il.

— Tu vois bien qu'il n'en est rien !

— Charmion a dit que… tu étais venue ici pour y mourir… Elle pleurait tant…

— Charmion a la larme facile, tu le sais, voyons ! lui rappelle Cléopâtre. Pour éviter la honte de me rendre à Octave, je mourrai ici. Mais le moment n'est pas encore venu.

Par une déchirure de sa tunique, elle aperçoit alors l'horrible plaie qui saigne abondamment. Au premier coup d'œil, elle comprend qu'il est inutile d'envoyer chercher son médecin. Toute la science d'Olympus ne pourrait le guérir. Elle essuie le sang et la sueur du visage tant aimé, chasse les mouches qui se collent à lui. Elle sanglote, murmure des mots de réconfort et d'amour. Elle tamponne maintenant ses tempes, son front, ses lèvres d'un tissu humide.

Il est trop tard. Le consul se meurt.

— Sèche tes larmes, chuchote Antoine d'une voix rauque entrecoupée de gémissements. Je meurs sans honte… en Romain vaincu par… un Romain… Pense à nos jours de… bonheur, à notre vie… inimitable.

— J'y pense, chuchote Cléopâtre.

— Si tu peux, sauve… ta vie… pourvu que… ce soit sans déshonneur… Donne-moi du vin… et du bon… une dernière… fois.

— Iras, du vin, vite !

La servante se précipite et emplit du meilleur vin une coupe d'or qu'elle porte à sa maîtresse. Soulevant la tête du mourant d'une main, la reine le fait boire tout doucement, à petites gorgées.

Antoine et Cléopâtre ne se quittent pas des yeux. Ils échangent des mots d'amour quand la mort emporte Antoine dans un dernier gémissement. La reine se lève alors. Laissant couler ses larmes, elle se hâte jusqu'à la fenêtre et crie aux hommes qui surveillent son mausolée :

— Prévenez Octave de la mort du consul[1] !

1. Le 31 juillet de l'an 30 av. J.-C.

Puis elle retourne près du corps d'Antoine, s'effondre à son côté et s'abandonne au désespoir. Elle pleure encore et encore. Enfin, quand elle n'a plus de larmes, aidée par Iras et Charmion, elle lui rend les hommages funéraires et l'enterre dans le caveau de son tombeau.

24

La fin d'un rêve

Le lendemain 1er août, le soleil effleure à peine les murailles de la ville qu'Octave pénètre en vainqueur dans Alexandrie. Casque, cuirasse, jambières de métal, cape rouge d'*Imperator* et épée au côté, il avance au pas sur son cheval noir, suivi par ses cavaliers et ses fantassins. Quel plaisir pour lui de voir les Alexandrins terrorisés se jeter à ses pieds, le supplier de les épargner, de leur pardonner ! Quel bonheur de savoir Antoine mort et Cléopâtre à sa merci !

La beauté de la ville, qui charma Jules César et Antoine, le trouble à son tour. Elle est belle et très riche, plus qu'il ne l'imaginait. Son Triomphe n'en sera que plus grand.

Octave se dirige vers le Grand Gymnase où une

foule silencieuse et inquiète l'attend. Il y pénètre, monte sur l'estrade et commence aussitôt un long discours en grec, afin que tous le comprennent. Sa voix est forte et claire, son regard glacé. Après avoir rappelé son admiration pour Alexandre le Grand, célèbre conquérant fondateur de la ville, Octave accorde son pardon à tous les Alexandrins. Il lui semble inutile de massacrer, emprisonner ou réduire à l'esclavage tant de gens. Puis il accuse Cléopâtre d'être l'unique responsable de cette guerre, donc la seule qui doit être châtiée !

Pas un bruit, pas un mouvement dans la salle.

Alors, rejetant fièrement la tête en arrière, Octave quitte le Gymnase à grands pas et enfourche son cheval. Entouré d'une escorte armée, il va se recueillir sur le tombeau d'Alexandre. Mais, il oublie volontairement de s'arrêter, ne serait-ce qu'un instant, devant les tombes des Ptolémées, glorieux ancêtres de Cléopâtre. Ceci fait, il se dirige vers le palais royal, s'y installe et envoie un messager à la pharaonne.

Cléopâtre apprend ainsi qu'Octave, maître de la ville, attend sa capitulation sans condition.

Le message est clair : elle soit se rendre, obéir.

La reine garde le silence quelques instants, le regard vide, la gorge nouée de fureur et d'angoisse. Des corbeaux crient dans le lointain et, près d'elle, un petit oiseau chante tristement. Assis sur son cheval, l'envoyé du vainqueur s'impatiente. Il répète son message d'une voix forte et insiste pour connaître sa réponse.

— Me rendre ? Jamais ! réagit enfin Cléopâtre les joues en feu. Fais savoir à Octave que…

Elle se cramponne au rebord de la fenêtre. La gorge sèche, elle poursuit d'une voix mal affermie.

— Fais savoir à Octave que je désire le voir. Je veux savoir s'il épargnera mes enfants et leur laissera mon royaume en héritage.

Le cavalier hoche la tête d'un air entendu, donne une tape sur l'encolure de son cheval et s'éloigne.

Alors, lentement, très lentement, la reine se retourne et, sans dire un mot, s'effondre sur son lit. La tête enfouie sous un coussin de soie, elle tente de calmer son cœur. Agenouillées près de leur maîtresse, Charmion et Iras ne savent que faire pour soulager son désespoir. Des larmes brillent dans leurs yeux.

De longues minutes s'écoulent ainsi dans la chaleur de l'été.

Sentant leurs regards peser sur elle, Cléopâtre s'assied et leur confie à mi-voix :

— Si je parle directement à Octave et si je lui explique, il comprendra… Césarion pourrait alors devenir régent d'Égypte ! Non, il refusera de me voir.

— Majesté, n'ayez crainte, il viendra dès demain, la rassure Charmion sans trop y croire. Je vais vous chercher une boisson qui vous permettra de dormir en paix.

Presque aussitôt, la servante glisse dans les mains

de sa maîtresse une coupe d'or remplie d'une boisson parfumée dont elle a le secret. Elle connaît les pouvoirs des *Herbes-du-Sommeil* et sait les utiliser.

Pourtant, les heures passent et la reine ne trouve pas le repos. Elle s'agite dans son lit, épiant les moindres bruits du mausolée désert. Elle n'entend que le chant des oiseaux nocturnes, les pas des sentinelles qui la retiennent prisonnière et, plus près d'elle, les ronflements de ses servantes.

Elle ignore qu'au moment même, Octave envoie ses meilleurs soldats fouiller la ville à la recherche de ceux qu'il considère comme ses ennemis. Il veut Césarion ! Malgré tous ses efforts, le prince demeure introuvable. Mais ses hommes s'emparent d'Antyllus, le fils aîné d'Antoine[1], d'Apollodore le Sicilien, fidèle serviteur de la reine, et de bien d'autres encore, tous tués sur place.

Octave désire aussi capturer Cléopâtre pour la traîner à Rome et la voir défiler au jour de son Triomphe. Il l'imagine enchaînée, marchant sous les insultes, les cris et les rires moqueurs des Romains. Le soir même, elle serait mise à mort, selon la coutume romaine.

Quel beau jour ce sera !

Hélas, la pharaonne refuse de se rendre et garde près d'elle le Trésor royal qu'Octave convoite et craint de perdre s'il venait à la reine l'idée d'y mettre le feu.

1. Né du premier mariage d'Antoine avec Fulvia.

Malgré des menaces de toutes sortes, Cléopâtre s'obstine. Elle réclame toujours la visite d'Octave qui ne vient pas. Assise tout le jour dans son mausolée, faisant les cent pas ou regardant par la fenêtre ce qui fut son royaume, elle frémit de rage et d'impuissance. Elle maudit le sort, invoque les dieux ou se désespère.

— J'ai échoué, soupire-t-elle souvent. Mon dernier espoir s'appelle Césarion, Alexandre Hélios, Cléopâtre Séléné et Ptolémée Philadelphe.

En songeant à eux, Cléopâtre se met à pleurer. La chaleur de l'été ajoute à sa faiblesse. Jamais le temps ne lui a semblé aussi long et le silence de son mausolée aussi oppressant.

Enfin un matin, des voix, des piétinements de chevaux, une agitation inhabituelle se fait entendre. La reine se précipite à sa fenêtre, suivie de Charmion et d'Iras. Au premier coup d'œil, elle reconnaît Octave à la tête d'une petite troupe solidement armée. Il arrête son cheval devant le mausolée et saute à terre.

— Ouvrez cette porte ! ordonne-t-il.

— Faites-le entrer, mais seul, demande la reine à ses servantes. Puis laissez-nous.

Elle attend depuis longtemps la visite d'Octave et, maintenant qu'il est là, elle se sent faiblir. Elle s'allonge sur son lit, grelottant malgré la chaleur. Pourtant elle a mille fois préparé cette rencontre. Elle a choisi les mots à dire et ceux à éviter. Elle a décidé des concessions qu'elle pouvait faire et de celles qui demeurent inacceptables... Elle pâlit en entendant son pas dans l'escalier puis, du fond de son cœur, remontent courage et énergie.

— Salut à toi Cléopâtre ! lance-t-il en avançant vers elle. Que veux-tu ?

Le Romain dévisage la reine avec une froideur méprisante. Il passe sa langue sur ses lèvres minces et croise les bras.

— Salut à toi, Octave ! Assieds-toi je te prie.

Mais le redoutable Romain, « le plus froid de tous les monstres froids » disent ses meilleurs amis, préfère rester débout. Il ne compte pas s'attarder dans le mausolée. Il est pressé d'en finir. Il s'étonne de trouver Cléopâtre allongée, visiblement épuisée avec, au fond des yeux, une volonté farouche qui lui déplaît.

La reine distingue mal le visage d'Octave qui se présente à contre-jour, dos au soleil. Elle se lève, s'approche de lui et aperçoit ses lèvres pincées, son teint blafard et son regard sévère. Elle parle, parle longtemps, plaide sa cause. Elle tente de lui arracher quelques promesses pour l'avenir de ses enfants et celui de l'Égypte. Elle utilise tous les arguments possibles lui montrant même les lettres que Jules César lui avait écrites, preuves de sa fidélité à Rome.

Octave refuse de les regarder. Du haut de ses trente-trois ans, il reste insensible à la singulière beauté de la reine, de quelques années seulement son aînée[1],

1. Cléopâtre a trente-neuf ans.

comme à la douceur de sa voix. Il ne ressent pour elle que du mépris. Inquiet de la disparition de Césarion et du suicide toujours possible de la reine, il est venu juger lui-même de son état et non pas discuter.

— J'exige ta reddition sans condition, conclut-il le sourcil froncé ne tenant aucun compte des beaux discours de la pharaonne.

— Jamais ! hurle Cléopâtre. Misérable, qu'as-tu fait de l'héritage de César ?

Octave se mord les lèvres, stupéfait qu'elle ose encore lui tenir tête, lui résister. Il pâlit. Ses lèvres tremblant de colère, il lui tourne le dos, dévale l'escalier et s'en va. Les portes du mausolée se referment derrière lui en un claquement sec.

Chancelante, Cléopâtre s'approche de la fenêtre et le regarde partir avec son escorte. Elle reste là des heures durant, immobile, les yeux fixes. Elle laisse remonter en elle les souvenirs du passé. Elle pense à ses enfants, aux voyages enchanteurs qu'elle fit pour rejoindre César à Rome ou Antoine à Tarse, à Éphèse.

25

La reine et le serpent

Depuis la visite d'Octave, ses soldats montent la garde devant le mausolée de la reine, nuit et jour. Ils ont ordre de n'y laisser entrer personne, sauf le paysan au visage creusé de rides chargé d'apporter nourritures et boissons aux trois prisonnières. Perpétuellement pressé, ce petit homme à la peau sombre et sèche comme un noyau de datte les fait souvent rire.

Son âne lourdement chargé trottinant à son côté, le vieil Égyptien vient chaque matin. Il manie avec habileté une branche de tamaris pour en frapper la croupe de l'animal qui s'arrête trop souvent à son goût pour brouter. Dès son arrivée à la porte du tombeau, les gardes vérifient son chargement tout en bavardant avec lui. Ils goûtent l'eau ou le vin contenu dans les jarres, examinent les paniers remplis de fruits, de légumes, de pains ou de gâteaux. Puis, ils le laissent aller.

Charmion ou Iras entrouvrent alors la porte. Elles s'occupent de décharger les vivres et les boissons pendant que le vieil homme raconte à Cléopâtre ce qui se passe à Alexandrie.

— Majesté, lui dit-il un matin. Je vous apporte une nouvelle, mais je sais pas trop si elle est bonne ou mauvaise.

— Parle sans crainte, l'encourage la reine.

— Au port, y a de l'agitation. Les légionnaires bougent dans tous les sens. Ils entassent des amphores, des coffres, des sacs et des paniers sur leurs navires. Paraît qu'Octave partira bientôt pour Rome.

— Sais-tu quand ? le presse Cléopâtre.

Le paysan secoue la tête d'un air de doute. Il hésite.

— Dans trois jours qu'on raconte, Majesté. Peut-être quatre.

La reine attendait cette nouvelle. Elle l'espérait presque tant sa lassitude est grande de mener cette vie de prisonnière. Sa décision est prise depuis longtemps. Elle ne sera pas du voyage.

— Cela devait arriver... Alors écoute-moi, lui dit-elle d'une voix ferme. Demain, sans en parler à personne, à personne m'entends-tu, tu m'apporteras exactement ce que je vais te demander.

Cléopâtre lui précise ce qu'elle attend de lui.

Le vieil homme proteste d'abord, jure par tous les

dieux qu'il ne peut agir ainsi, puis il acquiesce. Ayant promis de lui obéir, il emporte ses paniers et ses jarres vides et quitte le mausolée. Il salue les gardes au passage, leur souhaite une bonne journée de son horrible sourire édenté et s'éloigne avec son âne.

Dès le lendemain[1] au lever du jour, Cléopâtre se rend sur la tombe d'Antoine. Elle s'allonge sur la dalle froide pour lui parler à travers la pierre. Elle lui confie longuement ses angoisses et ses peines, évoque de doux souvenirs, verse quelques larmes et lui promet de le rejoindre bientôt. La reine se relève enfin et aperçoit, tout près d'elle, une petite souris longeant le mur du caveau avant de disparaître sous une pierre.

— Tu es bien seule, toi aussi, lui dit-elle. Et tu as peur.

De retour dans sa chambre inondée de soleil, Cléopâtre plonge avec délices dans un bain parfumé préparé par Charmion et Iras. Elle ferme les yeux pour mieux profiter de l'instant. Dans le silence de son mausolée où le moindre bruit résonne, elle entend les appels lointains des vautours et des gypaètes, le braiement des ânes, les cris des âniers et, plus près d'elle, le bourdonnement incessant des mouches.

Après son bain, la reine revêt sa robe préférée brodée de fils d'or et d'argent. Elle choisit avec soin les fibules qui l'attachent aux épaules et une ceinture

1. À la fin du mois d'août de l'an – 30.

colorée. Bientôt la voilà habillée, maquillée, parfumée et coiffée avec un soin extrême. Bracelets, collier, bagues et boucles d'oreilles sans oublier un diadème d'or, de perles et de turquoises glissé dans les cheveux, rien ne manque.

Mis à part la tristesse de son regard, Cléopâtre est plus belle que jamais lorsqu'elle se met à table pour déguster un repas délicieux accompagné de vin doux, un repas digne du temps de sa vie « inimitable ». Comme toujours, Iras et Charmion la servent, prévenant ses moindres désirs.

Par la fenêtre, elle admire le ciel d'un bleu profond, le soleil resplendissant, la mer et les bateaux de pêche qui rentrent au port, toutes ces choses si familières, si paisibles. Elle observe un vol d'oies sauvages qui traverse le ciel, cherche à l'interpréter comme on le lui a appris : l'augure est bon.

« Enfin une nouvelle agréable », se dit-elle.

Cléopâtre soupire. Elle pense à Césarion en sécurité sur les pistes du désert, à ses jumeaux et à son petit dernier qui a six ans à peine. Elle les imagine jouant dans les jardins royaux. Le vieil Égyptien lui a assuré qu'ils allaient bien, mais peut-elle le croire ? Ne ment-il pas pour soulager son malheur ?

La chaleur devient lourde.

— Un temps d'orage, songe la reine. Chante pour moi, Charmion, et toi Iras danse un peu !

Le repas est fini depuis longtemps déjà quand le paysan arrive à la porte du mausolée, un panier sur l'épaule.

— Salut à toi ! Qu'apportes-tu, mon gars ? s'écrie l'un des gardes en le menaçant de la pointe de sa lance. Tu as perdu ton âne aujourd'hui, à moins qu'il n'ait refusé de te suivre.

Il éclate de rire.

— J'apporte juste quelques figues mûres à point, répond le vieil homme.

— Montre-moi ça, ouvre donc ton panier !

L'Égyptien pose son panier à terre. Il rajuste son pagne de lin poussiéreux, se gratte le menton et écarte les feuilles de figuier qui recouvrent les fruits.

— Tes figues sont de belle taille, reconnaît le garde.

— Goûtez-en une si vous voulez.

— Une seule ne me suffira pas, prévient le Romain. Tu m'en apporteras un plein panier demain. Va, entre, la belle Charmion t'attend, à moins que tu ne préfères Iras... Elles sont bien jolies toutes deux.

Sans répondre, le vieil homme ramasse son panier, le cale au creux de son épaule et se dirige vers le mausolée. Comme d'habitude, une des servantes entrouvre la porte et le conduit auprès de la reine.

— Te voilà déjà, regrette Cléopâtre en le voyant. Approche, ne crains rien. As-tu suivi mes instructions ?

— Oui, Majesté.

— Bien. Maintenant, pose ton panier sur mon lit et laisse-moi… Non, attends… Avant de partir prends cette lettre. Donne-la en sortant aux gardes. Dis-leur qu'elle est pour Octave et… Cette bague, garde-la, elle est à toi. Tu as bien servi ta reine et je t'en remercie.

Le vieillard obéit avec lenteur, comme à regret. Il bafouille des remerciements, salue la pharaonne et s'éloigne sur ses pieds nus. Avant de disparaître dans l'escalier, il se retourne, la regarde une fois encore en passant sa main noueuse sur son crâne dégarni. Puis, laissant couler ses larmes sur ses joues ridées, brûlées par le soleil, il soupire et descend tristement les marches de marbre blanc.

La porte du mausolée claque derrière lui.

— Il est temps, dit Cléopâtre en s'allongeant sur son lit.

Elle glisse le panier au creux de son bras et y prend une figue avec précaution. Tandis qu'elle la croque, elle pose toutes les autres sur son drap. Près d'elle, Charmion et Iras la contemplent en silence, le visage grave et les mains tremblantes.

— Te voilà donc ! murmure la reine en apercevant un serpent endormi, enroulé au fond du panier.

Cléopâtre pose la tête sur son coussin de soie brodé d'or et attend calme et immobile. Elle écoute la brise soufflant de la mer, le chant des oiseaux, le glissement du serpent qui sort de son panier. C'est un aspic[1],

1. Ou peut-être un cobra.

une espèce redoutable qui donne une mort immédiate, mais sans souffrance.

L'aspic rampe, ondule sur la peau parfumée de la reine et, soudain, la mord.

Cléopâtre ne peut retenir un petit cri de douleur. Elle sent le venin se répandre dans son corps comme un feu, une brûlure vive, rapide. Elle suffoque, gémit. Ses doigts se crispent sur le drap, elle ferme les yeux et, déjà, son cœur cesse de battre.

Accablées de chagrin, Charmion et Iras s'agenouillent près de leur maîtresse, bien décidées à la suivre dans la mort.

Au même instant, au palais d'Alexandrie, Octave lit le message de la reine qui le prie de l'enterrer près d'Antoine.

— Elle a donc décidé de mourir, gronde-t-il. Malheur, elle en est bien capable. Elle est capable de tout. Gardes ! hurle-t-il. Allez au mausolée, brisez la porte si nécessaire, mais entrez et emparez-vous de Cléopâtre... Hâtez-vous.

Octave écume de rage. À sa victoire militaire, il veut ajouter la plus terrible des vengeances. Il veut l'humilier, la rabaisser.... Or, si la reine meurt, elle échappe définitivement à sa haine.

— Je la veux vivante ! ajoute-t-il.

Sa voix résonne dans les couloirs du palais, mais ses hommes sont déjà loin.

Personne n'ayant répondu à leurs appels, les soldats d'Octave défoncent la porte du mausolée à coups de bélier[1] de fer. Ils montent quatre à quatre à l'étage, entrent dans la chambre de la reine et s'arrêtent soudain, stupéfiés en découvrant Cléopâtre allongée sur son lit, royalement parée, divinement belle, les yeux fermés, inerte, morte.

Recroquevillée sur elle-même, Iras se meurt à ses pieds tandis que Charmion ajuste une dernière fois le diadème de sa reine.

— Voilà du beau, Charmion ! s'exclame le chef des soldats avec colère.

— Tout est bien en effet et digne d'une femme issue de tant de rois, réplique-t-elle en le regardant fièrement, droit dans les yeux.

La servante n'en dit pas davantage. Elle tremble, vacille, se tord de douleur, pousse un petit cri et tombe morte près du lit de Cléopâtre[2].

---

1. Poutre de bois terminée par une partie en métal, ressemblant souvent à une tête de bélier, pour enfoncer murs et portes.

2. Dernière reine d'Égypte, elle a régné presque vingt-deux ans.

Épilogue

Octave enterre Cléopâtre près d'Antoine à Alexandrie, dans un tombeau qui n'a toujours pas été retrouvé.

Puis, il « achète » la complicité de Rhodon, précepteur de Césarion, qui assure au prince qu'il peut avoir confiance en la générosité du vainqueur. Âgé de dix-sept ans, Césarion le croit, fait demi-tour et prend la route d'Alexandrie où les hommes d'Octave l'attendent pour l'étrangler.

Désormais, Octave est le seul « héritier » de Jules César, le seul maître de Rome. Antoine et Césarion disparus, plus personne ne le gêne sur la route du pouvoir.

Il ordonne alors d'emmener à Rome les trois enfants de Cléopâtre et d'Antoine où sa sœur Octavie, fidèle à la mémoire de son mari, les élève. Si Cléopâtre

Séléné épouse plus tard le roi Juba de Mauritanie[1], on ignore ce qu'il advient de ses frères.

Quant à l'Égypte, elle devient une simple province romaine avec cependant un statut particulier : elle est la propriété personnelle d'Octave puis des empereurs de Rome.

À Alexandrie, les portraits du vainqueur remplacent ceux d'Antoine et de Cléopâtre dont Octave ordonne la destruction. On raconte qu'un puissant Alexandrin lui propose une petite fortune pour qu'il renonce à détruire les statues de la reine. On ignore si Octave accepte l'arrangement. Quoi qu'il en soit, aucune statue de Cléopâtre n'a été retrouvée à ce jour.

Octave regagne Rome durant l'été de l'an 29 av. J.-C. Le défilé de son Triomphe est superbe avec, entre autres, des statues représentant le Nil et l'Égypte, et une statue de Cléopâtre allongée sur un lit un serpent enroulé à son bras.

Peu après, Octave obtient des sénateurs le titre de « Père de la Patrie » et celui d'« Auguste », ce qui fait de lui le premier « empereur » de Rome. Il concentre tous les pouvoirs. Il est honoré comme un dieu à sa mort, après une quarantaine d'années de règne qui apporte la paix et la prospérité.

1. Au nord-ouest de l'Afrique.

Arbre généalogique de la reine Cléopâtre

Ptolémée XII L'Aulète — Cléopâtre
Règne de 80 à 51 av. J.-C.

Bérénice

Cléopâtre VII
Née en 69 av. J.-C.
Règne de 51 à 30 av. J.-C.

Arsinoé

Ptolémée XIII
Règne de
51 à 47 av. J.-C.

Ptolémée XIV
Règne de
47 à 44 av. J.-C.

(de *Jules César*)

Césarion
Né en 47 av. J.-C.
Règne de 44 à 30 av. J.-C.
avec sa mère Cléopâtre VII

(de *Marc Antoine*)

Alexandre
Hélios
Né en 40
av. J.-C.

Cléopâtre
Séléné
Née en 40
av. J.-C.

Ptolémée
Philadelphe
Né en 36
av. J.-C.

Table

« Pour l'éditeur, le principe est d'utiliser des papiers composés de fibres naturelles, renouvelables, recyclables et fabriquées à partir de bois issus de forêts qui adoptent un système d'aménagement durable. En outre, l'éditeur attend de ses fournisseurs de papier qu'ils s'inscrivent dans une démarche de certification environnementale reconnue. »

Composition PCA - 44400 Rezé

Achevé d'imprimer en Italy par G. Canale & C. S.p.A.
32.10.2768.3/01 - ISBN : 978-2-01-322768-1
Loi n° 49-956 du 16 juillet 1949 sur les publications destinées à la jeunesse
Dépôt légal : août 2009